Ueber die Kost in öffentlichen Anstalten.

Von

Professor C. Voit.

Ueber die

Kost in öffentlichen Anstalten.

Vortrag,

gehalten am 13. September 1875

in der ersten Sitzung

des

Congresses für öffentliche Gesundheitspflege zu München,

von

Prof. C. Voit.

Nebst einem Anhange:

Methode der Untersuchung der Kost

auf die

in ihr enthaltenen Nahrungsstoffe.

München. 1876.

Druck und Verlag von R. Oldenbourg.

Ich habe für die diessjährige Versammlung des deutschen Vereins für öffentliche Gesundheitspflege ein Referat: „Ueber die Anforderungen der Gesundheitspflege an die Kost in Waisenhäusern, Casernen, Gefangen- und Altersversorgungsanstalten sowie in Volksküchen," übernommen.

Es mögen sich vielleicht Manche fragen was ich denn eigentlich über dieses weit ausgedehnte Thema sagen wolle. Die einen werden meinen: es sei schon so viel darüber verhandelt und geschrieben worden, dass man nichts Neues darüber vorbringen könne; Andere werden dagegen die Ansicht haben: die ganze Frage liege noch so im Dunkeln und sei so wenig reif, dass nur unfruchtbare Hypothesen aufgestellt werden könnten. Was den ersten Einwand betrifft, so glaube ich durch meine fünfzehnjährige Thätigkeit auf diesem Gebiete zu einer Zusammenfassung einiger Resultate berechtigt zu sein. Gewichtiger ist das zweite Bedenken; denn mein Unternehmen setzt zu seiner Vollendung allerdings voraus, dass man vor allem genau wisse was und wie viel ein Mensch unter verschiedenen Verhältnissen zu seiner Erhaltung braucht, und doch sind unsere Kenntnisse hierin leider noch sehr spärlich und durchaus nicht der Wichtigkeit des Gegenstandes entsprechend. Obwohl ich diess so tief als nur irgend Jemand fühle, so wage ich mich doch an die mir gestellte Aufgabe, da nach meiner Ueberzeugung die Physiologie der Ernährung der thierischen Organismen so weit vorgeschritten ist, dass von ihren Lehren für unser Wohlergehen vielfache Anwendung gemacht werden kann. Es ist vor allem meine Absicht dies recht eindringlich darzuthun. Die Consequenzen welche eine richtige Ernährung des Menschen nach zieht, sind für die Entwicklung des Menschengeschlechtes so weittragend, dass auch der erste Anfang dazu seine Bedeutung hat.

Ich werde mich dabei möglichst frei zu halten suchen von blossen Meinungen wie sie leider häufig auf diesem Gebiete geäussert werden. oder von Folgerungen die durch den Versuch am thierischen Organismus nicht ihre Bestätigung erhalten haben. Ich habe eine förmliche Furcht vor unrichtigen und unzeitigen Anwendungsversuchen in einer so verwickelten Sache, welche schon so oft den grössten Schaden gebracht haben; man hat häufig aus einer einzelnen, an und für sich ganz richtigen Erkenntniss falsche Schlüsse gezogen, da man die mannichfaltigen, zum Theil unbekannten Bedingungen der thierischen Organisation nicht mit in Rücksicht genommen hat.

In den landwirthschaftlichen Kreisen kennt man die Tragweite solcher Bestrebungen schon längere Zeit ganz genau; man ist sehr bekümmert um die richtige Ernährung des Viehes, wie sich mit dem Futter ein bestimmter Effect auf die wohlfeilste Weise erreichen lässt. Auch der gewöhnlichste Bauer hat hierin gewisse Kenntnisse, und wenn es sich dabei auch noch vielfach um eine blosse Empirie handelt und die Gründe der Erscheinungen den meisten unbekannt sind, so wird doch in Bälde, bei der klaren Erkenntniss der Wichtigkeit der Sache, das Verfahren der besser unterrichteten Landwirthe in seiner Sicherheit nicht wesentlich von dem des technischen Chemikers oder des Maschinenbauers abweichen.

Um die richtige Ernährung des Menschen kümmert man sich aber sonderbarerweise in denjenigen Kreisen, welchen sie am Herzen liegen sollte, so gut wie nicht, und man hat in ihnen nur selten richtige Vorstellungen davon. Man ist so kurzsichtig, weil man hier den Nutzen nicht so direct in Geld ausgedrückt sieht, ähnlich kurzsichtig wie der Bauer, der seinem Vieh, dessen Fleisch und Milch er verkauft, und das er zum Ziehen braucht, mehr Aufmerksamkeit schenkt als seinen Kindern. Allmählich bahnt sich jedoch ein besseres Verständniss auch hierin an. nämlich da, wo für gewisse Fälle der Vortheil einer zweckentsprechenden Ernährung des Menschen gar nicht zu verkennen ist. Die englischen Boxer leben nach einem bestimmten Régime, und sie trainiren sich förmlich für ihre Leistungen, ähnlich wie es mit den Rennpferden geschieht; die Aerzte legen nach und nach das grösste Gewicht auf eine passende Ernährung des Kranken, da sie erkannt haben, dass derselbe dabei die Krankheit leichter übersteht, während früher Tausende in Folge der ungenügenden Zufuhr zu Grunde gegangen sind; den meisten Vorschub verspreche ich mir aber zunächst von dem Militär, wo wenigstens für den Krieg die Bedeutung der Ernährung voll gewürdigt wird.

Die öffentliche Gesundheitspflege hat die Aufgabe: die Menschen unter solche Bedingungen zu bringen, dass krankmachende Einflüsse möglichst von ihnen abgehalten werden, oder dass sie denselben widerstehen. Sie richtet desshalb eingehend ihre Aufmerksamkeit auf die Reinheit der Luft in den Räumen, in welchen die Menschen leben, auf die Güte des Trinkwassers etc.. und man legt einen so grossen Werth darauf, dass man dafür von der Gemeinde aus Sorge trägt. Aber der Ernährung des Menschen, durch welche ein gegen schädliche Agentien widerstandskräftiger Körper aufgebaut und ein tüchtiges nachkommendes Geschlecht herangezogen wird, legt man auch von dieser Seite noch kein besonderes Gewicht bei.

Man hält meistentheils das Hunger- und Durstgefühl für den untrüglichen Anzeiger, der uns lehrt, stets das Richtige zu finden, wesshalb man nicht eigens für die Ernährung zu sorgen habe. Man könnte aber dann auch eben so gut behaupten: der Mensch besitze in dem Geruchssinn einen genügend scharfen Anzeiger für verdorbene Luft und im Geschmackssinn für schlechtes Trinkwasser, und doch weiss man wie sehr trotzdem in dieser Beziehung gesündigt wird. Eine Menge von Thatsachen, von denen ich einige noch angeben werde, zeigt uns, dass man sich in der Kost auch bei freier Wahl nicht allein dem Gefühl überlassen darf, und dass dabei viele grobe Fehler begangen werden.

Wenn aber schon derjenige Mensch, der, soweit es seine Mittel erlauben, frei wählen kann, in Fehler verfällt, wie gross können diese erst sein wo eine freie Wahl nicht möglich ist, sondern die Kost von Anderen bestimmt wird, welche oft nur auf's Gerathewohl und nach falschen Vorstellungen die Bestimmungen treffen. So ist es in Waisenhäusern, Cadettenhäusern, Casernen, Gefangen- und Altersversorgungsanstalten, in Volksküchen, in Krankenhäusern.

Um die mir gestellte Frage über die Anforderungen der öffentlichen Gesundheitspflege an die Kost in solchen Anstalten beantworten zu können, ist es zuerst nöthig die Anforderungen an die Kost des Menschen überhaupt zu kennen; besitzen wir einmal diese Kenntniss, so ist es leicht für jeden speciellen Fall einen sicheren Entscheid zu treffen.

Die allgemeinen Anforderungen an die Kost des Menschen sind nicht einfach, und lassen sich nur durch eine eingehende Betrachtung der Ernährungsverhältnisse des Menschen darthun. Mit einigen Recepten für die Kost in einzelnen Fällen, wie in einem Kochbuche, wäre nichts ausgerichtet. Ich muss daher, wenn anders ich meiner Aufgabe nachkommen und den Grund für eine der wichtigsten Aufgaben der öffentlichen Gesundheitspflege legen soll, in das ernste Gebiet der Wissenschaft, in der man nach den Ursachen der Erscheinungen fragt, eintreten und die Geduld des Lesers, länger als es sonst erlaubt ist, in Anspruch nehmen, wofür ich um gütige Nachsicht bitte.

Unter den eigenthümlichen und complicirten Bedingungen unseres Organismus findet beständig ein allmählicher Zerfall gewisser Stoffe statt, wobei sich, schliesslich theilweise unter Aufnahme von Sauerstoff, Producte bilden, welche als nicht zum Körper gehörig ausgeschieden werden. Andere Stoffe dagegen, wie z. B. das Wasser oder gewisse Aschebestandtheile, werden unter den Bedingungen des Organismus nicht zersetzt, und es wird davon nicht nur Ueberschüssiges, sondern auch dem Körper noch Nöthiges unverändert wieder abgegeben.

Die Zufuhr von Speisen und Getränken hat die Bedeutung, trotz jener Zersetzungen und Abscheidungen, den Körper auf seinem stofflichen Bestande zu erhalten oder in den geeigneten und entsprechenden stofflichen Zustand zu versetzen.

Die Organe des Körpers sind nun bekanntlich aus einer grösseren Anzahl von Stoffen aufgebaut und zusammengesetzt. Es sind diess vorzüglich Wasser, die stickstoffhaltigen, eiweissartigen Stoffe mit ihren Abkömmlingen, die stickstofffreien Fette und einige Aschebestandtheile.

Diese Stoffe bestehen aus eigenthümlichen Verbindungen einer Reihe von Grundstoffen oder Elementen: von Kohlenstoff, Wasserstoff, Stickstoff, Sauerstoff und der Elemente der Aschebestandtheile. Der Organismus hat jedoch nicht die Fähigkeit aus diesen Elementen seine zusammengesetzten Stoffe, das Eiweiss oder das Fett zu bereiten; er kann nicht, wie man sich ausdrückt, von der Luft — von Kohlenstoff, Wasserstoff, Stickstoff etc., leben, sondern es müssen ihm im Allgemeinen schon die zusammengesetzten Verbindungen zugeführt werden.

Jeden Stoff, welcher den Verlust eines zur Zusammensetzung des Körpers nothwendigen Stoffes verhütet, nennen wir einen Nahrungsstoff mit der Eigenschaft des Nahrhaften. Ein Nahrungsmittel ist ein aus mehreren Nahrungsstoffen bestehendes Gemenge. Die Summe von Nahrungsstoffen oder Nahrungsmitteln, mit den nothwendigen Genussmitteln, welche den Körper auf seiner Zusammensetzung erhält, oder auf eine gewünschte Zusammensetzung bringt, nennen wir für diesen Fall eine Nahrung, mit der Eigenschaft des Nährenden.

Es lässt sich die Rolle der einzelnen Nahrungsstoffe bei der Ernährung erst klar darthun seit wir dabei ausschliesslich von ihrer stofflichen Bedeutung für den Körper ausgehen, und von der Frage nach ihren weiteren

Wirkungen, ob sie Wärme oder mechanische Arbeit liefern, bei ihrer Würdigung als Nahrungsstoffe ganz absehen. Die bis jetzt üblichste Eintheilung der Nahrungsstoffe in plastische und respiratorische bezieht sich nicht auf ihren Werth für die Ernährung, d. h. auf die stoffliche Erhaltung des Körpers, sondern wesentlich auf ihre Kräftewirkungen, und genügt dem gegenwärtigen Stand unseres Wissens nicht mehr.

Die von mir gegebene Definition muss strengstens festgehalten werden; es hat schon viel Unheil angerichtet, dass man Nahrungsstoffe und Nahrungsmittel als eine Nahrung und als nährend bezeichnete.

Im Allgemeinen gilt es also, den Bestand des Körpers an Eiweiss, Fett, Wasser und Aschebestandtheilen zu erhalten oder einen gewissen Stand daran hervorzurufen. Alle anderen Stoffe des Organismus sind nur Abkömmlinge der genannten Stoffe bei der Zersetzung, oder dienen, wie z. B. der Sauerstoff, zur weiteren Verarbeitung im Körper, und zur Hervorbringung der Wirkungen in demselben.

Diesen Effect üben nun die Nahrungsstoffe in zweierlei Weise aus. Entweder wird aus einem Nahrungsstoff direct ein Stoff des Körpers zum Ansatz gebracht, oder es schützt ein Nahrungsstoff einen Stoff des Körpers vor der Zersetzung, und zwar nur theilweise, oder auch ganz, indem er statt des letzteren zerfällt.

Zur Erhaltung oder Ablagerung des Eiweisses am Körper muss unter allen Umständen Eiweiss zugeführt werden; andere Stoffe sind die das Eiweiss theilweise schützenden Nahrungsstoffe, welche, ohne dass aus ihnen Eiweiss wird, den Verbrauch des Eiweisses etwas geringer machen, so z. B. die stickstofffreien Kohlehydrate und Fette und vor allem der stickstoffhaltige Leim.

Zur Ablagerung und Erhaltung des Fettes am Körper dient das in der Kost zugeführte oder das bei dem Zerfalle des Eiweisses entstehende Fett. Andere Stoffe, wie namentlich die Kohlehydrate (Stärkemehl, Dextrin, Zucker etc.), erhalten nur den Bestand an Fett, oder ersparen dasselbe, indem sie leichter als dieses zerlegt werden. Die Kohlehydrate sind für das Körperfett völlig schützende Nahrungsstoffe, aber nicht Fett ansetzende.

Der Bestand an Wasser wird zum grössten Theil durch Zufuhr von Wasser aus dem Darm, nur zum kleinen Theil durch Entstehen von Wasser bei den Zerlegungen im Körper erhalten; der Bestand an Aschebestandtheilen nur durch die Zufuhr der betreffenden Stoffe.

Der Sauerstoff ist in unserm Sinne kein eigentlicher Nahrungsstoff und auch nicht die nächste Ursache des Zerfalls der Stoffe im Organismus; indem er in gewisse Zerfallproducte eintritt, werden die letzten leicht ausscheidbaren Verbindungen erzeugt, und dabei die Wirkungen, welche wir die Lebenserscheinungen im Thierkörper nennen auf die Dauer ermöglicht.

Wie erfährt man nun ob ein Gemisch von Nahrungsstoffen und Nahrungsmitteln eine Nahrung ist? Allein dadurch, dass man sich überzeugt, ob der betreffende Organismus dabei auf seinem Bestande bleibt, ob er also kein Eiweiss, oder Fett, oder Wasser, oder Aschebestandtheile verliert. Man muss zu dem Zweck die Bestandtheile der Zufuhr kennen, und durch Untersuchung der vom Körper abgegebenen Zersetzungsproducte aus denen man auf die Stoffe aus welchen sie hervorgegangen sind rückschliessen kann, erfahren, ob die Zufuhr eben die Abfuhr deckt oder nicht.

Vielfach hat man das Körpergewicht als untrügliches Zeichen der Erhaltung des Körpers oder eines Ansatzes von Substanz gehalten; man hat gesagt, dass, wenn Menschen bei irgend einer Kost auf ihrem Gewicht bleiben oder gar an Gewicht zunehmen, diese Kost dann auch eine Nahrung sei. Ich habe aber dargethan, dass das Gewicht kein sicheres Kriterium für eine Nahrung ist, da der Körper bei gleichbleibendem oder zunehmendem Gewichte Wasser ansetzen und Eiweiss oder Fett verlieren, oder bei Zunahme des Gewichtes und einer Ablagerung von Fett an Eiweiss abnehmen kann. Schlecht Ernährte sind gewöhnlich nicht leichter, sondern enthalten nur weniger Eiweiss und Fett bei grösserem Reichthum des Körpers an Wasser. Jeder Viehmäster weiss, dass im Anfange der Mästung das Thier nicht entsprechend der Ablagerung von Fleisch und Fett an Gewicht zunimmt; kein Metzger kauft einen Ochsen nach dem Gewicht allein, sondern er beurtheilt durch die Betastung die Güte des Fleisches. Trotzdem benutzt man beim Menschen häufig noch das Körpergewicht als Anzeiger für eine richtige Ernährung, obwohl längst nachgewiesen ist, dass es nur zu Täuschungen Veranlassung gibt.

Ebenso wenig ist das subjective Wohlbefinden ein Maassstab für den Werth einer Kost als Nahrung, da wir darin grossen Irrungen ausgesetzt sind; ein 10 Pfund Kartoffeln im Tage verzehrender Irländer wird sich dabei seiner Meinung nach ganz gut befinden, obwohl er schlecht genährt ist. Die übeln Einflüsse einer unrichtigen Ernährung, z. B. der zu geringen oder der übermässigen Aufnahme des einen oder anderen Nahrungsstoffes, machen sich häufig erst nach längerer Zeit geltend.

Es gibt für den besagten Zweck keinen anderen Weg als den des directen Versuches am Organismus und der Bilanz der Einnahmen und Ausgaben; ein solcher Versuch am lebenden Menschen ist nur von einem Physiologen zu machen, ein Chemiker als solcher ist nicht im Stand über den Werth eines Gemenges als Nahrung zu urtheilen. Die Grösse des

Verbrauchs an den einzelnen Nahrungsstoffen beim Menschen ist auf solche Weise für eine Anzahl von Fällen festgestellt worden; es thut aber noth sie für eine viel grössere Zahl an verschiedenen Individuen und unter verschiedenen Umständen noch zu machen.

Man sollte denken es wäre, wenn einmal für allerlei Bedingungen der Bedarf an Nahrungsstoffen ermittelt sei, nichts einfacher als diese Nahrungsstoffe in der gefundenen Menge dem Körper zuzuführen, um die beste Nahrung zu haben. Wir nehmen aber nur wenige einfache Nahrungsstoffe, wie z. B. Zucker, reines Stärkemehl, Fett etc. zu uns, und mischen niemals unsere Nahrung aus solchen allein, sondern wir setzen sie aus Nahrungsstoffen und allerlei Nahrungsmitteln, in welchen Nahrungsstoffe in verschiedensten Verhältnissen sich befinden, zusammen, und diess macht die Sache complicirter. Keines unserer Nahrungsmittel ist uns auf die Dauer, wie wir noch zeigen werden, eine richtige Nahrung.

Nach diesen Betrachtungen sind wir jetzt im Stande die Anforderungen an die Kost des Menschen zu verstehen.

1.

Das erste Erforderniss an unsere Kost, um sie zu einer Nahrung zu machen, d. h. um den betreffenden Menschen dauernd auf seinem Bestand an Eiweiss, Fett, Wasser und Aschebestandtheilen zu erhalten, ist dass die diess bewirkenden Nahrungsstoffe in genügender Quantität zugeführt werden. Nach meinen einleitenden Bemerkungen über die Bedeutung der verschiedenen Nahrungsstoffe ist es klar warum die einzelnen derselben in hinreichender Menge vorhanden sein müssen, und warum es nicht genügt ein grosses Volumen des einen oder anderen zu geben; wir können aus Mangel an Eiweiss, an Fett, an Wasser, an Aschebestandtheilen bei reichlichster Zufuhr aller übrigen Nahrungsstoffe zu Grunde gehen.

Zur Erhaltung braucht der Mensch für gewöhnlich eine ganz erkleckliche Masse, und jeder muss so viel geniessen, sonst nimmt er an seinem Körper ab und stirbt zuletzt Hungers.

Die Grösse des Bedarfs ist aber nicht für alle die gleiche, sondern je nach der Beschaffenheit des Körpers, und je nach den Umständen unter welchen er lebt, ausserordentlich verschieden. Ein kräftiger Mann der eine tüchtige Arbeit leistet, braucht z. B. ungleich mehr als ein schwächlicher Körper, der sich keinen Anstrengungen unterziehen kann. Es gibt einzelne bis auf's äusserste herabgekommene Personen, welche bei möglichster Ruhe auffallend wenig Material zur Bestreitung ihrer geringen Bedürfnisse nöthig haben; diess ist jedoch ein krankhafter Zustand ohne Leistungsfähigkeit, bei dem aber doch noch ein gewisser Bedarf an allen Nahrungsstoffen vorhanden ist.

Die Erzählungen von ganzen Völkerschaften, welche nur sehr wenig Nahrung aufnehmen und doch thatkräftig bleiben sollen, haben sich sämmtlich bei näherer Untersuchung als Fabeln herausgestellt. Der Araber der Wüste geniesst nicht nur eine Hand voll Reis; die Arbeiter auf den Hochebenen Norwegens vollenden ihr schweres Tagewerk nicht nur bei einem Stückchen Flachbrod und etwas trockenem Käse, so wenig wie die Holzarbeiter im bayerischen Gebirge mit etwas Mehl und Schmalz ausreichen. Es hat sich ergeben, dass der Hindu und der Chinese so viel an Nahrungsstoffen brauchen als wir, und ebenso der italienische Arbeiter von dem behauptet worden ist, dass er nur eine äusserst geringe Menge von Maismehl täglich verzehrt.

2.

Die genügende Quantität der Nahrungsstoffe überhaupt erschöpft noch nicht die Anforderungen, die wir an eine richtige Nahrung stellen; 5 Pfund Fleisch können unter Umständen für einen Tag als Nahrung dienen, aber sie sind keine richtige Nahrung. Es muss von jedem der Nahrungsstoffe gerade so viel gegeben werden als zur Erhaltung der Stoffe des Körpers eben nöthig ist, nicht zu viel und nicht zu wenig, d. h. die einzelnen Nahrungsstoffe sollen in dem richtigen Verhältniss gemischt sein.

Um rasch zu zeigen, um was es sich hier handelt, und welche Missgriffe man in dieser Richtung begehen kann, versuchen wir die für einen kräftigen Arbeiter bei mittlerer Arbeit täglich nöthige Eiweissmenge und die für ihn nöthige Quantität Kohlenstoff, um den Verlust an Kohlenstoff von seinem Körper zu verhüten, in einigen der wichtigsten Nahrungsmittel auszudrücken. Ein solcher Arbeiter braucht im Tag 118 Gramm trockenes Eiweiss und mindestens 328 Gramm Kohlenstoff, von denen, da in 118 Gramm Eiweiss schon 63 Gramm Kohlenstoff enthalten sind, 265 Gramm in stickstofffreien Nahrungsstoffen, Fett oder Kohlehydraten, darzureichen sind.

Er müsste darnach, um 118 Gramm Eiweiss und 328 Gramm Kohlenstoff zuzuführen, von den folgenden Nahrungsmitteln in Gramm geniessen:

für 118 Eiweiss		für 328 Kohlenstoff	
Käse	272	Mais	801
Erbsen	520	Weizenmehl	824
fettarmes Fleisch	538	Reis	896
Weizenmehl	796	Erbsen	919
Eier (18 Stück)	905	Käse	1160

für 118 Eiweiss		für 328 Kohlenstoff	
Mais	989	Schwarzbrod	1346
Schwarzbrod	1430	Eier (43 Stück)	2231
Reis	1868	fettarmes Fleisch	2620
Milch	2905	Kartoffel	3124
Kartoffel	4575	Milch	4652
Weisskohl	7625	Weisskohl	9318
weisse Rüben	8714	weisse Rüben	10650
Bier	∞	Bier	13160

Aus dieser Tabelle ist, wie ich vorher schon hervorgehoben habe, leicht nachzuweisen, dass keines unserer Nahrungsmittel für sich allein für einen arbeitenden Mann in richtiger Zusammensetzung alle Nahrungsstoffe enthält, und also keines für ihn eine richtige Nahrung ist. Es wäre vielleicht eine Erhaltung mit beinahe jedem dieser Nahrungsmittel für sich allein möglich, aber die Ernährung, wäre dabei eine höchst irrationelle, da die aufgezählten Substanzen von dem einen oder dem anderen Nahrungsstoff zu viel oder zu wenig enthalten.

Ein Arbeiter könnte sich wohl mit einem aus Wasser, den nöthigen Aschebestandtheilen und Eiweiss bestehenden Nahrungsmittel, z. B. mit fettarmem Muskelfleisch, ernähren, also seinen Bestand an Eiweiss, Fett, Wasser und Aschebestandtheilen erhalten, wie es bei Jagdvölkern zeitweise vorkommen mag, aber nur für kurze Dauer und mit grosser Ueberbürdung des Darmes und des übrigen Körpers, da dazu erstens enorme Mengen von Fleisch nöthig sind, und da zweitens zur Deckung des Eiweissbedarfes nach der Tabelle nur 538 Gramm Fleisch, zu der des Kohlenstoffes aber 2620 Gramm gehören, durch welche letztere man eine völlig überflüssige Menge von Eiweiss einführen würde. Fettarmes Fleisch für sich allein gibt desshalb für den Menschen eine ganz ungünstige Nahrung, und man fügt daher, wenn irgend möglich, zu den nur Wasser, Aschebestandtheile und Eiweiss enthaltenden Nahrungsmitteln Fette oder Kohlehydrate hinzu. Die von der Jagd lebenden Stämme sind gierig nach Fett, sie schlagen die Knochen auf um das fettreiche Mark zu erhalten, und die fetten Tatzen des Bären sind ihnen ein Leckerbissen; die Eskimos verzehren nicht nur Muskelfleisch, sondern sie nehmen auch bedeutende Mengen von Fett auf.

Selbst die Milch ist trotz ihres Gehaltes an Fett und einem Kohlehydrat für den Arbeiter keine richtig zusammengesetzte Nahrung; bietet sie den Bedarf an Kohlenstoff, so führt sie zu viel Eiweiss ein.

Wir bedienen uns desshalb einer aus Wasser, Aschebestandtheilen, Eiweiss und Fetten oder Kohlehydraten gemischten Nahrung.

Es ist höchst interessant, dass das Mehl der Getreidearten, unser hauptsächlichstes Nahrungsmittel, von allen Nahrungsmitteln am nächsten der richtigen relativen Zusammensetzung kommt; denn man braucht für den Arbeiter nahezu gleiche Mengen davon um den Bedarf an Eiweiss und an Kohlenstoff zu befriedigen. Trotzdem ist das aus dem Mehle bereitete Brod, aus einem Grunde den wir noch erörtern werden, keine gute ausschliessliche Nahrung für den Menschen, wenn auch mit anderen ein vorzügliches Nahrungsmittel.

Umgekehrt wie das fettarme Fleisch verhalten sich die stickstoffarmen Nahrungsmittel: der Reis, die Kartoffeln, die Rüben etc. Sie enthalten wenig Eiweiss; wenn man wirklich so viel verzehrt, dass die Menge des letzteren genügt, so führt man, abgesehen von der grossen kaum bewältigbaren Masse, welche weitere Beschwerden nach sich zieht, viel zu viel stickstofffreie Substanzen zu, und begeht demnach eine Verschwendung. Darum werden diese Nahrungsmittel stets mit einem eiweissreicheren vermischt, und von keiner Völkerschaft ausschliesslich genossen; die Hindus und die Chinesen nehmen zu dem Reis, obwohl sie ihn in unglaublicher Menge verzehren, Fische, Bohnen, Erbsen, einen aus letzteren bereiteten Käse etc.; der Italiener isst zu der Polenta trockenen Käse, der Irländer und der Norddeutsche zu den Kartoffeln Häringe oder saure Milch.

Das Bier enthält ein Kohlehydrat in sehr günstiger Form; das Bier ist des Eiweissmangels halber keine Nahrung, wohl aber ein treffliches wenn auch recht theures Nahrungsmittel, von welchem man jedoch 13 Liter aufnehmen müsste, um den Kohlenstoffbedarf für einen Tag zu liefern, welche Quantität allerdings von manchen wackern Trinkern schon erreicht worden ist.

Fett und Kohlehydrate ersetzen sich in ihrer Wirkung in Beziehung der Verhütung des Fettverlustes des Körpers, aber nicht in derjenigen Menge in welcher sie Sauerstoff zu ihrer Ueberführung in Kohlensäure und Wasser in Anspruch nehmen (10 : 24), wie man geglaubt hat, sondern, wie die Versuche am Thier ergeben haben, in dem Verhältniss von 10 : 17. Der Bedarf an Sauerstoff zur vollständigen Verbrennung ist nicht das Maass für die gegenseitige Ersetzung der einzelnen Stoffe im Organismus, so wenig wie in einem Ofen von bestimmter Construction, für den man auch nicht einfach aus dem Verbrauch an Holz auf den an Steinkohlen rechnen kann, weil dafür die Construction des Ofens das Bestimmende ist. Die einen mischen ihre Nahrung aus Eiweiss und Fett, die andern aus Eiweiss und Kohlehydraten. Die richtige Menge des einen oder andern dieser stickstofffreien Nahrungsstoffe in unserer Nahrung wird aus dem Späteren klar werden.

Der Verbrauch an den einzelnen Stoffen im Körper ist nun nicht stets der gleiche, sondern ein verschiedener je nach der Zusammensetzung des Körpers und den Umständen unter denen er lebt; dem entsprechend muss auch die Zusammensetzung der Nahrung, welche den Körper auf seinem Bestand erhalten soll, d. i. das Verhältniss der einzelnen Nahrungsstoffe zu einander, sehr verschieden sein. Arbeitet ein Mensch, der sich mit einer bestimmten Eiweissmenge auf seinem Gehalt an Eiweiss erhält so wird viel mehr Fett in ihm zerlegt als bei der Ruhe; ein Kind braucht zum Wachsthum seiner Organe verhältnissmässig mehr Eiweiss; um Eiweiss und Fett wie bei der Mästung zu möglichst reichlichem Ansatz zu bringen, muss die Zufuhr von Eiweiss und Fett ansetzenden und schützenden Nahrungsstoffen eine ganz bestimmte sein, zu viel oder zu wenig von dem einen oder anderen Stoff ändert in ungünstiger Weise das Resultat.

Durch die Untersuchungen über den wechselnden Verbrauch und Bedarf der einzelnen Nahrungsstoffe in verschiedenen Fällen ist das Geheimniss des richtigen Verhältnisses der stickstoffhaltigen zu den stickstofffreien Stoffen in der Kost aufgeklärt. Es muss dieses ein anderes sein je nach der Zusammensetzung des Körpers, dem Grade der Arbeitsleistung etc., und es ist falsch wenn man meint, dasselbe soll für den Menschen stets 1 : 5 sein. Ein und derselbe Arbeiter zeigte z. B. nach dem Verbrauch von Substanz berechnet unter sonst ganz gleichen Bedingungen an 2 aufeinanderfolgenden Tagen, bei Ruhe ein Verhältniss von 1 : 3.5, bei Arbeit von 1 : 4.7.

In dieser Beziehung wird sehr viel gefehlt; die einen führen zu viel Eiweiss, die anderen zu viel Fett und Kohlehydrate zu. Es kann das gleiche Resultat, die Erhaltung des stofflichen Bestandes eines Organismus auf mannichfache Weise, d. h. bei einer verschiedenen Mischung und Menge von Nahrungsstoffen, erreicht werden, wie die Ernährungsart der verschiedenen Völkerschaften und Individuen darthut. Aber nur ein Fall aus den mannichfachen Möglichkeiten ist für den jeweiligen Körperzustand der richtige; diess ist derjenige, bei welchem mit den geringsten Mitteln und am besten der Effect erreicht wird.

Wir suchen in den Nahrungsmitteln zunächst die geringste Menge von Eiweiss zu geben, bei welcher eben der Eiweissgehalt des Körpers erhalten wird, und setzen dann in Fetten und Kohlehydraten so viel zu um den Fettverlust vom Körper zu verhüten. Diess gibt uns dann das für den betreffenden Körperzustand richtige Verhältniss der stickstoffhaltigen und stickstoffreichen Nahrungsstoffe. Um diesen Zweck zu erreichen, mischen wir unsere Nahrung aus allerlei Nahrungsstoffen und Nahrungsmitteln des Thier- und Pflanzenreiches zusammen, aus Fleisch, Brod, Milch, Gemüsen, Fett etc.

Welche Mengen der Nahrungsstoffe wir dazu nöthig haben, soll bei Betrachtung der speciellen Fälle angegeben werden.

3.

Es ist noch nicht ausreichend die nothwendigen Nahrungsstoffe in allerlei Nahrungsmitteln in richtiger Menge zu verzehren, es müssen dieselben auch von dem Darm aus in die Säfte übergehen können, wenn sie uns zu gut kommen sollen. Es ist daher eine weitere Anforderung, welche an unsere Kost gestellt wird, dass sie in dem Darm resorbirt wird, und diesem sowie dem übrigen Körper zu ihrer Bewältigung nicht zu viel Last und Arbeit aufbürdet oder anderweitige Schädlichkeiten bereitet.

Es könnte z. B. nach dem bis jetzt Gesagten Jemand auf den Einfall kommen einem Menschen Heu vorzusetzen und ihm darin die nöthigen Nahrungsstoffe in gehöriger Menge und dem richtigen Verhältniss darzubieten, und doch wäre das Heu für den Menschen keine Nahrung, weil aus dem Heu von dem menschlichen Darm die in für ihn unlöslichen Cellulose-Hüllen eingeschlossenen Nahrungsstoffe nur zum geringsten Theil ausgelaugt werden.

Man muss sich also durch Versuche an verschiedenen Menschen, durch sogenannte Ausnützungsversuche, vorerst überzeugen, ob denn die in den angeblichen Nahrungsmitteln enthaltenen Nahrungsstoffe auch im Darm verwerthet werden und in welcher Menge und Zeit diess geschicht. Man erhält dabei manche unerwartete Aufschlüsse, und erfährt, dass ein grosser Unterschied darin besteht, in welcher Form die Nahrungsstoffe dem Darm dargeboten werden.

Die animalischen und die vegetabilischen Nahrungsmittel enthalten im grossen Ganzen die gleichen Nahrungsstoffe, aber es besteht in der Mehrzahl der Fälle eine gewaltige Differenz in der Ausnützung im Darm, und darin liegt auch der Hauptunterschied der Nahrungsmittel aus dem Thier- und Pflanzenreich in ihrem Verhalten zur Ernährung.

Das Eiweiss wird aus animalischen Nahrungsmitteln, z. B. aus Fleisch, Milch, Eiern etc., leicht, bis zu einer gewissen Grenze vollständig und in kurzer Zeit aufgenommen; der darnach in sehr geringer Menge entleerte

Koth enthält kein Eiweiss mehr. Ebenso ist es mit dem dargereichten Zucker; ähnlich mit dem Fett, das bis zu einer bestimmten Grenze ebenfalls leicht resorbirt wird und dann nur in geringer Menge im Koth erscheint.

Ganz anders verhalten sich dagegen die meisten vegetabilischen Nahrungsmittel, welche im Allgemeinen das Eiweiss neben einer bedeutenden Menge von Stärkemehl, zum Theil in schwer zugänglichen Gehäusen aus Cellulose eingeschlossen, enthalten. Meist wird dabei eine ansehnliche Quantität von Koth entleert, der noch viel unverwendetes Eiweiss und Stärkemehl enthält. Diess rührt beim Menschen zum grössten Theil daher, dass das Stärkemehl in saure Gährung übergeht, und der Dünndarm dann rasch entleert wird, also die Zeit zur gehörigen Verwerthung nicht gegeben ist. Nimmt ein Mensch in vegetabilischen Nahrungsmitteln nur so viel Eiweiss, Aschebestandtheile, Wasser und Stärkemehl auf, als der Körper an diesen Stoffen eben nöthig hat, so wird ein Theil derselben im Koth wieder entfernt, und das Resorbirte reicht also zur Erhaltung des Körpers nicht hin. Erhält man durch Mehraufnahme den Körper schliesslich auf seinem Bestand, so wird viel sonst noch brauchbare Substanz mit dem Koth abgegeben. Es ist diess unläugbar eine Verschwendung von Nahrungsstoffen.

Nach den in meinem Laboratorium von Dr. Ad. Mayer ausgeführten Untersuchungen werden bei Aufnahme von 736 Gramm Semmel 20 Procent Eiweiss und 6 Procent Stärkemehl im Koth wieder entfernt; bei Aufnahme von 757 Gramm Pumpernickel 42 Procent Eiweiss und 19 Procent Stärkemehl.

Ein Mann erhielt von Dr. Fr. Hofmann täglich 1000 Gramm Kartoffeln, 207 Gramm Linsen und 40 Gramm Brod mit 14.7 Gramm Stickstoff zugeführt, worauf er im Koth 24 Procent der trockenen Kost und 47 Procent des darin verzehrten Stickstoffs ausschied. Als derselbe Mann in animalischer Kost ebenso viel Stickstoff und statt des Stärkemehls sein Aequivalent Fett bekam, nämlich 390 Gramm Fleisch und 126 Gramm Fett, enthielt der Koth nur 17 Procent des verzehrten Stickstoffs und wurde trotz gleicher Eiweissmenge der Zufuhr doppelt so viel Eiweiss im Darm resorbirt.

Um durch Vegetabilien die nöthigen Nahrungsstoffe zuzuführen, z. B. durch Brod, Kartoffeln, Reis, Mais etc., braucht man gewöhnlich ein ungleich grösseres Volumen als bei animalischen Nahrungsmitteln, und zwar desshalb, weil das Aequivalent des Stärkemehls nahezu doppelt so gross ist als das des Fettes und weil man von dem ersteren des massigen Kothes halber mehr nöthig hat.

Die grosse Masse der Vegetabilien bringt häufig weitere Beschwerden für den Darm und den übrigen Körper mit sich. Nur ein ganz gesunder Darm kann die stark sauren Massen bewältigen; Jedermann weiss, dass ein schwächlicher Darm Schwarzbrod oder Kartoffeln am wenigsten zu ertragen vermag; der Mehlbrei ruft bei Kindern durch die saure Gährung des Stärkemehls so leicht Darmkatarrh und unstillbare Diarrhöen hervor. Die Verdauung der pflanzlichen Nahrung erfordert einen viel complicirteren und längeren Darm und mehr Zeit.

Vom Brod müsste ein robuster Mensch mindestens 1430 Gramm verzehren, um den Eiweissbedarf zu decken, und wenn man die Kothentleerung mit in Rechnung bringt (nach Mayer 22 Procent Stickstoffverlust) etwa 1750 Gramm. Eine solche Quantität Brod können die wenigsten Menschen, der grossen Masse halber, verzehren, obwohl Viele im Stande sind die entsprechende Menge von Mehl in verschiedenen Mehlspeisen zuzuführen. Dr. Mayer hat es im Maximum auf 817 Gramm Brod im Tag gebracht. Ein Setzen auf Wasser und Brod kommt daher dem allmählichen Verhungern gleich.

Noch viel schlimmer als mit dem Brod ist es mit den so viel gepriesenen Kartoffeln. Um mit ihnen (neben etwas Eiweiss in Häringen oder Buttermilch) den Körper zu erhalten, braucht man bis zu 5000 Gramm oder 10 Pfund. Neben der kolossalen Verschwendung an Nahrungsstoffen durch die schlechte Ausnützung ist die dadurch dem Körper zugemuthete Last eine ungeheuere. Die grösstentheils von Kartoffeln sich nährenden Irländer oder die arme Bevölkerung mehrerer Gegenden Norddeutschlands bleiben nichts desto weniger schlecht genährt, haben Hängebäuche, sind zu keiner strengen Arbeit befähigt, und widerstehen krankmachenden Einflüssen nur wenig. Die Kartoffel ist ein vorzügliches Nahrungsmittel für den Menschen, aber die Versuche sie ausschliesslich d. h. als Nahrung, zu benützen, haben zu den verderblichsten Folgen geführt.

Leider sind die Ausnützungsversuche am Menschen noch nicht in genügender Zahl durchgeführt, obwohl sie von so grosser Wichtigkeit wären. Die Leguminosen (Erbsen, Linsen und Bohnen) sind sehr reich an Eiweiss; man hat aber kein Recht sie als Eiweissträger zu preisen, bevor nicht durch Ausnützungsversuche bekannt ist in welcher Menge das Eiweiss daraus ausgezogen wird. Man hat sich, nur gestützt auf die chemische Analyse und ohne den thierischen Organismus zu befragen, schon den gröbsten Täuschungen über den Werth einer Substanz als Nahrungsmittel hingegeben. Man hat z. B. gemeint das Brod von ganzem Korn wäre ungleich nahrhafter als das aus Mehl ohne Kleie, da das ganze Korn mehr Stickstoff und mehr Asche enthalte; jeder Versuch am Menschen und Thier lehrt aber gerade das Gegentheil, nämlich dass das Brod vom ganzen Korn mehr Koth macht und weniger ausgenützt wird, ganz abgesehen davon, dass der Körper im feineren Mehl ohne Kleie mehr als genug Aschebestandtheile empfängt.

Es ist am besten die Kost des Menschen aus animalischen und vegetabilischen Substanzen zu mischen. Wir haben dargethan, dass fettarmes Fleisch allein keine richtige Nahrung für uns ist, da nur die wenigsten so viel ertragen können, als dazu nöthig ist. Setzen wir zu der Fleischportion die uns die genügende Menge Eiweiss giebt, so viel Fett hinzu um den Fettverlust vom Körper aufzuheben, so braucht man von diesem ebenfalls mehr als die meisten Menschen zu resorbiren vermögen. Brod, Reis, Mais, Kartoffeln oder Gemüse sind aus den schon angegebenen Gründen auch keine richtige Nahrung; man ist recht wohl im Stande sich die Nahrung im gehörigen Verhältniss der Nahrungsstoffe für manche Zwecke nur aus Substanzen vegetabilischen Ursprungs zu mischen, z. B. aus dem Mehl der Getreidearten, aus welchem man die verschiedensten Speisen (Nudeln, Knödel, Schmarrn, Spätzeln) bereitet, mit Zusatz der eiweissreichen Leguminosen und von Fett, aber eine solche rein vegetabilische Kost setzt immer einen gesunden Darm voraus und mancht manche Schwierigkeiten, so dass selbst die sogenannten Vegetarianer sich den Genuss von Milch, Käse, Butter, Honig etc, welche doch aus dem Thierreiche stammen, nicht versagen. Die Bestrebungen der Vegetarianer sind aber trotz ihrer Einseitigkeit ein ganz heilsamer Rückschlag gegen die früheren Irrlehren, nach denen das Eiweiss allein nahrhaft sein und das eiweissreiche Fleisch uns vor Allem Kraft geben soll.

Grössere Leistungen lassen sich jedoch mit Vegetabilien allein, ohne Zusatz von Fleisch und Fett, kaum ausführen, oder wenigstens nicht so, dass die Kost in diesem Fall eine richtige Nahrung genannt werden kann. Ein starker Arbeiter braucht viel Eiweiss zur Erhaltung seiner bedeutenden Muskelmasse und eine gewaltige Menge stickstofffreier Substanz zur Verhütung des Fettverlustes. Er kommt nun dabei an die Grenze wo aus Mehl und anderen Vegetabilien nicht mehr Eiweiss und Stärkemehl aufgenommen werden kann. Man fügt desshalb Substanzen zu, wie z. B. Fleisch, aus welchen weiteres Eiweiss noch leicht ausgelaugt wird, und Fett, um nicht so viel Stärkemehl zuführen zu müssen. Daher bemerkt man im Allgemeinen, dass die Kost um so reicher an Fleisch und an Fett wird, je grösser die Arbeitsleistung ist. Es gibt allerdings Beispiele, wo auch ohne Fleischgenuss eine tüchtige Arbeit ausgeführt wird. Die

Knechte auf dem Gute Laufzorn von Professor H. Ranke erhalten seit hundert Jahren täglich etwa 143 Eiweiss, 108 Fett und 788 Kohlehydrate, vorzüglich in der Form von Mehl und Schmalz, wie es in ganz Oberbayern und einem Theil von Schwaben unter der Landbevölkerung üblich ist; sie müssen die ganz enorme Menge von 788 Stärkemehl verzehren um das nöthige Eiweiss zu erlangen, was nur einem sehr kräftigen Darm zugemuthet werden darf und gewiss keine ganz richtige Ernährungsweise im Allgemeinen ist. Aehnlich ist es mit der Kost der Holzknechte in Reichenhall und Oberaudorf, welche Fleisch nicht mit in die Berge führen können und sich daher mit Mehl, Brod und Schmalz begnügen müssen.[1])

Man soll daher nur so viel Eiweiss und Stärkemehl in Vegetabilien aufnehmen als ohne Beschwerden für den Körper möglich ist; bei reichlicherem Bedarf wird durch einen mässigen Zusatz von Fleisch der Zweck besser erreicht, und ebenso durch Ersetzung der grösseren Menge Stärkemehl durch Fett. Auf das Fett ist namentlich bis jetzt viel zu wenig Rücksicht genommen worden, indem man einfach das Stärkemehl als Aequivalent desselben betrachtet hat, ohne zu bedenken, dass diess nur in gewissen Grenzen der Fall ist. Die bessere Kost des Menschen (die geschmalzene) enthält daher stets reichlich Fett, und zwar um so mehr, je intensiver gearbeitet wird; die Aermeren sind allerdings häufig genöthigt auch in dieser Beziehung ihrem Körper grössere Zumuthungen zu machen. Diejenigen, welche an die meist grösseren Massen der Vegetabilien gewöhnt sind, täuschen sich leicht über den Nährwerth einer weniger voluminösen Kost; sie beurtheilen nach der Anfüllung ihres Magens und dem trügenden Gefühl der Sättigung den Werth einer Nahrung, und sie verspüren ein Hungergefühl sobald ihr Magen bei einer bessern und compendiösern Kost nicht mehr so stark angefüllt wird. Dieser Umstand hindert häufig die Einführung einer bessern Ernährungsweise. Ein Irländer klagt über Hunger, wenn er sich statt mit 10 Pfund Kartoffeln mit einem geringeren Volumen gemischter Nahrung erhalten soll; die gefangenen russischen Soldaten in der Krim, welche an die grossen Mengen des russischen schwarzen Soldatenbrodes gewohnt waren, vermochten sich an der gemischten Kost der Franzosen nicht zu sättigen. Die gleiche Erfahrung macht man an den für den Militärdienst ausgehobenen Bauern-

1) Nach den Angaben von Liebig (über Gährung S. 117) verzehrt ein Holzknecht in Reichenhall im Tag in Schmalz, Mehl und Brod (ob er nicht auch Milch oder Käse erhält?): 112 Eiweiss, 309 Fett, 691 Kohlehydrate. Ein Holzknecht in Oberaudorf (Liebig, Reden und Abhandlungen S. 121): 135 Eiweiss, 208 Fett und 876 Kohlehydrate.

pferden, welche sich ebenfalls an die Ersetzung einer Portion Heu durch weniger Raum einnehmenden Haber erst gewöhnen müssen.

Nach dem Gesagten erhellt auch die grosse Bedeutung der öfteren Mahlzeiten im Tag. Ein fleischfressendes Thier ist im Stande seine volle Nahrung für einen ganzen Tag in wenigen Minuten zu verschlingen, der Pflanzenfresser kaut eigentlich fortwährend an seinem Futter herum. Der Mensch vermag nicht seine tägliche Nahrung auf einmal einzunehmen, da dem Darm dadurch zu viel Last zugemuthet würde. Bei vorwiegend animalischer Kost könnten zwar weniger Mahlzeiten gehalten werden, aber wir suchen auch durch die öftere Aufnahme der Speisen die Zersetzungen mehr gleichmässig und je nach Bedarf zu vertheilen. Die Eintheilung der Mahlzeiten und die Vertheilung der Nahrungsstoffe auf dieselben darf nicht eine beliebige und willkürliche sein, sondern muss sich nach der Art der Kost, nach der Art und Grösse der Arbeit und anderen Umständen richten. Eine falsche Vertheilung rächt sich sicherlich an der Gesundheit des Menschen.

Wir sagen also jetzt: dasjenige Gemisch aus Nahrungsstoffen und Nahrungsmitteln, welches den Körper mit der geringsten Menge der einzelnen Nahrungsstoffe auf seinem Bestand erhält, und dabei denselben so wenig als möglich schädigt und abnützt, das ist für einen bestimmten Fall die richtige Nahrung.

4.

Wir haben noch eine weitere und letzte Anforderung an die Kost des Menschen zu machen, deren grosse Bedeutung bis jetzt kaum gewürdigt worden ist. Man hat gemeint, wenn genügend für Nahrungsstoffe gesorgt sei, dann habe der Körper auch eine Nahrung. Diess ist aber nicht der Fall; es müssen noch andere Stoffe, welche nichts zu thun haben mit der Erhaltung des stofflichen Bestandes unseres Leibes, die sogenannten Genussmittel, hinzukommen.[1]) Würde man uns ein Gemisch von Eiweiss, Fett, Stärkemehl, Wasser und Aschebestandtheilen vorsetzen, alle Nahrungsstoffe in gehöriger Quantität darbietend, wir würden es nur im Falle der äussersten Noth verzehren und für gewöhnlich verweigern es zu essen, weil es geschmacklos ist. Man hat in einem Gleichniss die Wirkung der Genussmittel mit der der Schmiere an den Maschinen verglichen, aus der weder die Maschinentheile hergestellt sind noch die

1) Voit, über die Unterschiede der animalischen und vegetabilischen Nahrung, die Bedeutung der Nährsalze und der Genussmittel; Sitzungsberichte der k. Akademie der Wissenschaften in München, 1869 Bd. 2 S. 516.

Kraft für die Bewegung derselben abstammt, die aber den Gang leichter vor sich gehen macht. Auf eine solche Weise leisten auch die Genussmittel für die Processe der Ernährung und andere Vorgänge im Körper unentbehrliche Dienste, obwohl sie nicht im Stande sind den Verlust eines Stoffes vom Körper zu verhüten.

Um Missverständnisse zu vermeiden, will ich gleich angeben, dass ich zu den Genussmitteln nicht nur die meist ausschliesslich darunter verstandenen, den Kaffee, den Thee, die alkoholischen Getränke, den Tabak etc., zähle, sondern auch, und zwar vorzüglich, alle diejenigen Stoffe, welche unseren Speisen den ihnen eigenthümlichen Geschmack und Geruch verleihen. In diesem Sinne gibt es keine Speise ohne Genussmittel, und hat die vegetabilische Kost ebenso ihre Genussmittel wie die animalische. Häufig entstehen gewisse Genussmittel erst durch die Art der Zubereitung der Speisen, wie z. B. die schmeckenden Substanzen beim Braten des Fleisches.

Man hält für gewöhnlich, im Gegensatze zu den Nahrungsmitteln, die Genussmittel nicht für nothwendig, sondern für entbehrlich, da sie uns nur gewisse Annehmlichkeiten bereiteten. Diese Auffassung ist nur dann richtig, wenn man zu den Genussmitteln ausschliesslich die eben genannten Pflanzenaufgüsse oder die alkoholischen Getränke rechnet. Darum hat man bis jetzt die wahre Bedeutung der Genussmittel ganz übersehen, welche ebenso gross für die Ernährung ist als die der Nahrungsstoffe. Denn eine Speise ohne Genussmittel, ein geschmackloses oder uns nicht schmeckendes Gemische von Nahrungsstoffen, wird nicht ertragen, es bringt Erbrechen und Diarrhöen hervor. Die Genussmittel machen die Nahrungsstoffe erst zu einer Nahrung; nur ein gewaltiger Hunger macht die Begierde so gross, dass die Genussmittel übersehen werden, ja dass sonst Ekelhaftes uns angenehm erscheint.

Diese Genussmittel haben eine weittragende Bedeutung für die Vorgänge der Verdauung und Ernährung. Schon die Vorstellung oder der Anblick eines uns angenehmen Gerichtes macht, dass uns, wie man sagt, das Wasser im Munde zusammenläuft, d. h., dass die Speicheldrüsen reichlich Saft absondern, welcher gewisse Nahrungsstoffe umwandelt und sie für die Aufnahme in die Säfte vorbereitet. Das gleiche lässt sich für die Magensaftdrüsen darthun; man kann an Hunden mit künstlich angelegten Magenfisteln zeigen wie plötzlich an der Oberfläche Saft hervorquillt, wenn man den nüchternen Thieren ein Stück Fleisch vorhält, ohne es ihnen zu geben; vom Magen aus setzt sich die Wirkung weiter zu den Drüsen und Blutgefässen des Darms fort. Erscheint uns dagegen eine Speise nicht begehrenswerth und appetitlich, so treten jene Erscheinungen nicht mehr ein, und erfolgen Störungen in der Verdauung.

Darum enthalten alle unsere Speisen Genussmittel, gewisse schmeckende Stoffe, die uns dieselben angenehm machen und uns den Appetit erregen. Jeder Mensch, und sei er auch der Dürftigste, erfreut sich am Wohlgeschmack seines, wenn auch einfachen oder kärglichen Mahles; ein Verlust des Geschmacksinnes soll einen unerträglichen Zustand hervorrufen. Man gibt für die Beschaffung dieser nothwendigen Genüsse häufig mehr aus als für die der Nahrungsstoffe. Schon der Geruch einer Speise vermag Dienste zu thun, sowie das Riechen mancher Stoffe einem der Ohnmacht Nahen wieder aufhilft. Es ist allerdings richtig, dass die Ansprüche an die Genussmittel sehr verschieden sind und dass hierin eine unnatürliche Verfeinerung angewöhnt werden kann.

Wenn man eine, Anfangs recht wohlschmeckende Speise in zu grosser Menge oder zu oft hinter einander vorgesetzt erhält, so stumpft sich die Empfindung dafür ab, und sie schmeckt uns nicht mehr oder widert uns sogar an; sie hört auf ein Genuss für uns zu sein. Je ausgesprochener und intensiver der Geschmack einer Speise ist, desto rascher widert sie uns an. Darum können wir nur wenige Speisen täglich und in grösserer Quantität geniessen, wie z. B. unser täglich Brod, das uns neben anderen Nahrungsmitteln stets eine willkommene Zuthat ist; ein süsser Kuchen, wenn er auch Eiweiss und Kohlehydrate in derselben Menge liefert, könnte die Stelle des Brodes nicht ersetzen.

Darin liegt das Geheimniss der lange nicht verstandenen Bedeutung der Abwechslung in der Kost, die uns einen Wechsel in den Genussmitteln bringen soll, während man früher diese Abwechselung häufig für geboten hielt um uns alle die nöthigen Nahrungsstoffe zuzuführen.

Aus den gleichen Nahrungsstoffen und Nahrungsmitteln bereiten wir uns desshalb auch verschiedene Gerichte. Es gibt z. B. Menschenclassen welche vorwaltend vom Mehl der Getreidearten leben; aber sie geniessen dieses Mehl nicht lediglich in der Form von Brod, sondern sie verwenden es ausserdem zur Bereitung von Nudeln, Schmarrn, Knödeln, Spätzeln etc.

Bei der Herstellung der Nahrung für den Menschen ist also die Zufügung der Genussmittel und die gehörige Abwechselung in der Kost wohl zu beachten. Ich weiss von Personen, welche ihr einfaches Mahl in Gasthäusern zu sich nehmen, dass sie, wenn sie auch Anfangs ganz wohl zufrieden waren, doch genöthigt sind von Zeit zu Zeit das Gasthaus zu wechseln, da in jedem die Speisen in allzu gleichförmiger Weise zubereitet werden.

Das Erforderniss des Wechsels in den Genussmitteln erstreckt sich sogar auf eine einzige Mahlzeit, namentlich auf die Hauptmahlzeit zu Mittag. Wir geniessen aus diesem Grunde gewöhnlich mehrere Gerichte hinter einander: Suppe, Fleisch und Gemüse mit verschiedenem Geschmack. Wir wären wohl kaum im Stande so viel von einer einzigen Speise zu verzehren als es für unser Bedürfniss an Nahrungsstoffen nöthig ist, da wir bald an dem gleichen Geschmack den Appetit verlieren.

So haben alle unsere seit Jahrtausenden eingebürgerten Gebräuche ihren guten Grund; nur gelingt es gewöhnlich erst spät ihn zu erkennen.

Ich habe hiemit die Anforderungen an die Kost des Menschen, soweit sich diess in Kürze nach unseren jetzigen Kenntnissen thun lässt, auseinandergesetzt. Wir mischen uns nach diesen Principien unsere Nahrung aus den verschiedensten Nahrungsmitteln unter Zusatz von Genussmitteln zusammen. Diejenige wohlschmeckende Nahrung, welche den Anforderungen streng genügt, d. h. welche die für einen bestimmten Fall gerade erforderliche Quantität der einzelnen Nahrungsstoffe in richtiger Mischung zuführt und dabei den Körper so wenig als möglich belastet, ist für diesen Fall die richtige Nahrung oder das Ideal der Nahrung.

Wir weichen häufig von diesem strengen Ideal in etwas ab; unser Körper besitzt glücklicherweise Ausgleichungen dafür durch Zerstörung des überschüssigen Eiweisses, der Fette, der Kohlehydrate, oder durch Ansatz von Eiweiss und Fett. Aber diess darf nicht zu weit und nicht zu lange Zeit hindurch geschehen, wenn nicht eine Schädigung der Gesundheit eintreten soll.

Da die Zersetzungen im Körper je nach der Individualität und den Umständen verschieden sind, und eigentlich jeder Mensch für einen gewissen Tag einen speciellen Fall mit anderen Bedingungen darstellt, so muss auch demgemäss die Nahrung eine verschiedene sein.

Es fragt sich daher jetzt, wenn wir von der allgemeinen Betrachtung zu den einzelnen Fällen übergehen, wie sich unter diesen speciellen Umständen die Vorgänge im Körper gestalten und welche Mengen der einzelnen Nahrungsstoffe man zuzuführen hat.

Es ist nach Erlangung solcher Kenntnisse nicht mehr schwierig die richtige Kost aus den uns zu Gebote stehenden Materialien zusammenzusetzen; ich habe diess für Arbeiter, Soldaten, Volksküchen und Waisenhäuser schon gethan. Es würde zu weit führen das Verfahren dabei hier näher zu erörtern; ich verweise in dieser Beziehung auf die Auseinandersetzungen die ich anderweit schon gemacht habe und demnächst noch machen werde. Ebensowenig kann ich auf alle die Einzelheiten in jedem

Fall eingehen; ich hebe nur die hauptsächlichsten Punkte, auf welche es vor allem ankommt, hervor; ich möchte namentlich auf einige sich bitter rächende Fehler, welche bei Festsetzung der Kostsätze häufig gemacht werden und sich leicht beseitigen lassen, aufmerksam machen.

Wir sehen bei den folgenden Betrachtungen, der Einfachheit halber, von der Zufuhr des Wassers ganz ab, da dieser Nahrungsstoff in den meisten Fällen frei zur Verfügung steht. Ebenso sehen wir ab von der Zufuhr der Aschebestandtheile, weil diese in unseren gewöhnlichen Nahrungsmitteln in genügender Menge vorhanden sind und man nur in ganz besonderen Fällen eigens für sie zu sorgen braucht. Wir vernachlässigen auch die stickstofffreien Stoffe, ausser den Fetten und Kohlehydraten, da dieselben in unserer Nahrung in zu geringer Menge vorkommen, und endlich auch die übrigen stickstoffhaltigen Nahrungsstoffe ausser dem Eiweiss, wie z. B. den Leim, da auch diese gewöhnlich nur einen kleinen Bruchtheil der Bestandtheile unserer Nahrung ausmachen. Wir beschränken uns daher darauf, anzugeben wie viel an Eiweiss, an Fett und an Kohlehydraten in jedem einzelnen Falle nöthig ist.

I. Kost für einen Arbeiter.

Ich halte es für nöthig, zuerst anzugeben, wie viel ein Arbeiter an Eiweiss, Fett und Kohlehydraten zu seiner Erhaltung täglich aufnehmen muss. Wir gewinnen dadurch ein Normalmaass für einen mittleren Menschen und können dann die Abweichungen davon leicht anreihen.

Der kräftige Arbeiter, welchen Pettenkofer und ich untersuchten, zersetzte täglich:

	bei Ruhe	bei Arbeit
Eiweiss	137	137
Fett	72	173
Kohlehydrate	352	352
Kohlenstoff	283	356.

Dr. J. Forster fand in der aufgenommenen Nahrung folgende Mengen der Nahrungsstoffe:

	Eiweiss	Fett	Kohlehydrate
Arbeiter	133	95	422
Arbeiter	131	68	494
Junger Arzt	127	89	362
Junger Arzt	134	102	292

Als Mittelwerth aus einer grösseren Anzahl von Beobachtungen habe ich für einen Arbeiter 118 Gramm Eiweiss und 328 Gramm Kohlenstoff als Erforderniss angegeben; es sind also, da 118 Gramm Eiweiss schon 63 Gramm Kohlenstoff enthalten, noch 265 Gramm Kohlenstoff durch Fett oder Kohlehydrate zu decken. Wollte man diese Kohlenstoffmenge ausschliesslich in Kohlehydraten geben, so müssten 597 Gramm Stärkemehl verzehrt werden, von Fett dagegen 346 Gramm. Diese Betrachtung ist zwar nicht ganz richtig, da es nicht lediglich auf den Gehalt an Kohlenstoff ankommt, sondern auch darauf in welchen Stoffen derselbe steckt, und da der Kohlenstoff im Fett mehr werth ist als der in den Kohlehydraten; aber man ersieht doch daraus, dass der Zusatz von Fett allein oder von Stärkemehl allein zum Eiweiss nicht rationell wäre, weil, wie ich vorher schon erwähnt habe, nur die Wenigsten so viel Fett oder so viel Stärkemehl resorbiren können. Bei grösserer Arbeitsleistung, bei welcher immer mehr stickstofffreie Substanz zerstört wird, gestaltet sich die Sache nach den früheren Mittheilungen noch schlimmer.

Nach meinen Erfahrungen soll man bei Arbeitern nicht über 500 Gramm Stärkemehl hinausgehen, da eine grössere Menge vom Darm nur schwer verwerthet wird und dabei noch andere Unzukömmlichkeiten eintreten. Der Rest des Kohlenstoffes wird dann durch Fett gedeckt, und zwar bei 500 Stärkemehl durch 56 Fett. Diess ist das Maximum von Stärkemehl und das Minimum von Fett, das nach meiner Ansicht ein Arbeiter verzehren soll; ich halte es sogar für besser nur gegen 350 Kohlehydrate zu geben und den übrigen Bedarf in Fett zu reichen[1].

Man gab sich früher, verleitet durch falsche Voraussetzungen, grossen Täuschungen über die für einen Arbeiter nöthigen Nahrungsstoffe hin. Man hatte nämlich die Idee, dass bei der Thätigkeit der Muskeln die organisirte eiweisshaltige Substanz derselben, entsprechend der Anstrengung, zerstört werde, und dass daher ein Mann bei der Arbeit mehr Eiweiss zersetze und also auch mehr Eiweiss in der Nahrung bedürfe als bei der Ruhe, oder dass ein und derselbe Arbeiter je nach der Grösse der Arbeit Eiweiss erhalten müsse. Man wurde in der Richtigkeit dieser Schlussfolgerung bestärkt durch die Erfahrung, dass wirklich verschiedene Arbeiter, ganz entsprechend dem Grad ihrer Arbeitsleistung, Eiweiss in der Kost

---

1) Zu ähnlichen Zahlen sind auch Andere durch Berechnung der Nahrungsstoffe in der Kost gekommen:

	Eiweiss	Fett	Kohlehydrate	
Mann, mittlere Arbeit	120	35	540	Wolff,
Soldat, leichter Dienst	117	35	447	Hildesheim,
Soldat im Felde	146	44	504	Hildesheim,
Mann, mittlere Arbeit	130	40	550	Moleschott.

aufnehmen; hierüber hat vorzüglich Playfair höchst interessante Zusammenstellungen gemacht. Es nehmen auf:

Soldaten im Frieden	126	Gramm Eiweiss
Arbeiter im Mittel	130	„ „
Londoner Hafenarbeiter	155	„ „
Brauknechte[1]) in München	165	„ „

Nun hat sich aber durch meine Untersuchungen herausgestellt, dass ein Mensch, der stets genau die gleiche Kost erhält, bei der stärksten Arbeit nicht mehr Eiweiss zerstört als bei völliger Ruhe, wohl aber viel mehr Fett. Beim Hunger verhält es sich ebenso, nur werden dabei das Eiweiss und das Fett vom Körper genommen. Man hat sich dieses mit den früheren Anschauungen in directem Widerspruche stehende Resultat gar nicht zurecht legen können.

Man hat gesagt: es widerspreche dem Gesetze von der Erhaltung der Kraft; denn woher nähme dann der Mensch die Kraft für seine Arbeitsleistung? Man vergass dabei erstens, dass die Arbeit dennoch auf Kosten des zersetzten Eiweisses geschehen könnte, wenn nämlich die frei gewordene lebendige Kraft bei der Ruhe in Wärmebewegung, bei der Thätigkeit in mechanische Leistung überginge, und man vergass zweitens, dass ja eine ansehnliche Mehrzersetzung von stickstofffreien Stoffen alsbald von uns dargethan wurde.

Andere sagten: es widerspreche meine Angabe schon der gewöhnlichen Erfahrung, dass bei körperlicher Anstrengung der Appetit grösser sei. Ich habe jedoch nicht behauptet, dass bei der Arbeit gleich viel zersetzt werde wie bei der Ruhe, sondern nur, dass dabei nicht mehr Eiweiss zersetzt werde; dann ist noch zu bedenken, dass bei Leuten, welche längere Zeit sich nicht mehr körperlich angestrengt haben, in Folge der Bewegung eine Zunahme der Muskeln eintritt und dadurch auch eine Erhöhung des Eiweiss-Bedarfs.

Wieder andere haben gemeint, das von mir Gefundene stehe im Widerspruche mit der eben erwähnten Erfahrung Playfair's, nach

---

1) Nach Liebig's Angabe nimmt ein Brauknecht der Sedlmayr'schen Brauerei zu München während des Sudes bei angestrengtester Thätigkeit in Brod, Fleisch und Bier täglich auf:

	Eiweiss	Fett	Kohlehydrate
Brod	42	—	224
Bier	—	—	375
Fleisch	148	73	—
	190	73	599

welcher von verschiedenen Arbeiterclassen, entsprechend der Arbeitsleistung Eiweiss verzehrt werde. Dieser Widerspruch ist aber nur ein scheinbarer. Die Grösse der Eiweiss-Zersetzung bei einem bestimmten Individuum steht nicht in Beziehung zur geleisteten Arbeit, wohl aber umgekehrt die mögliche Arbeitsleistung zur Grösse der Eiweiss-Zersetzung, insofern als ein kräftigerer und also mehr leistender Arbeiter eine grössere Masse eiweissreicher Organe (namentlich Muskeln) auf ihrem Bestande zu erhalten hat, und desshalb mehr Eiweiss in der Nahrung braucht; er würde aber die gleich grosse Menge zu dem Zweck nöthig haben an einem Tag, an welchem er ruht, z. B. am Sonntag. Würde er an Feiertagen weniger Eiweiss aufnehmen, so würden seine Organe Eiweiss verlieren und den Tag darauf nicht mehr so viel leisten können als vorher.

Ist eine sehr starke Arbeit auszuführen, so unterziehen sich derselben nur ihr gewachsene muskelkräftige Arbeiter, welche dann natürlich zur Erhaltung ihrer grösseren Organ-Masse reichlich Eiweiss zuführen müssen; es werden sich gewiss nicht muskelschwächere Arbeiter melden, die für einige Zeit mehr Eiweiss als bei der geringeren Arbeit verzehren wollen; denn sie würden bald erfahren, dass sie die starke Arbeit trotz des reichlichsten Eiweiss-Verbrauches nicht erzwingen.

Playfair hat durch seine Zusammenstellung nur gezeigt, dass der Muskelschwache sich nicht zu einer starken Arbeit drängt, d. h. dass die Muskelmasse das Maximum der Arbeitsleistung bestimmt und dass Menschen mit einer grösseren Muskelmasse mehr Eiweiss nöthig haben; er hat aber nicht gezeigt, wie die meisten meinen, dass bei der Arbeit des gleichen Individuums unter sonst gleichen Umständen mehr Eiweiss zerstört wird als bei der Ruhe.

Ein schweres Zugpferd, Pinzgauer Race, nimmt in dem Futter mehr Eiweiss auf, als ein kleines Pony. Aber Niemanden wird es einfallen zu behaupten, es geschehe dies weil es stärker arbeitet und es würde in der Ruhe nur so wenig als das kleine Thier brauchen; sondern Jedermann weiss, dass das schwere Pferd der Versorgung der weitaus mächtigeren Muskelmasse halber mehr Eiweiss verzehren muss und mehr zu leisten vermag.

Ebenso muss man den Arbeitern nicht nach Maassgabe ihrer momentanen Arbeit Eiweiss zuführen, sondern vielmehr nach Maassgabe ihrer Muskelmasse und der dadurch bedingten Maximalleistung. Die von einem Menschen im Maximum zu leistende Arbeit entspricht daher der Eiweisszersetzung und dem Eiweissbedarf. Es ist darum auch eine Verschwendung an Eiweiss einem muskelkräftigen Arbeiter eine geringere Arbeit zu übertragen als seiner Muskulatur entspricht, da er bei gleichem Eiweissverbrauch ungleich mehr zu leisten befähigt wäre.

Die Eiweisszersetzung und die nöthige Eiweisszufuhr hängen also von der zu ernährenden Muskelmasse ab und nicht direct von der Arbeit, welche vielmehr ihrerseits von der Muskelmasse bestimmt wird; es ist für den von anderen Bedingungen beeinflussten Eiweisszerfall ganz gleichgiltig ob diese Muskelmasse arbeitet oder nicht. Dagegen ist bei dem gleichen Individuum die Zerstörung der stickstofffreien Substanzen abhängig von der momentanen Arbeitsleistung. Der von Pettenkofer und mir untersuchte Mann zerstörte bei der gleichen Kost bei Arbeit um 101 Gramm Fett mehr als bei Ruhe.

Die oben angegebenen Zahlen beziehen sich nur auf einen Arbeiter mit mittlerer Leistungsfähigkeit und nicht auf einen intensiv Arbeitenden, welchem etwas mehr Eiweiss (bis zu 150 Gramm), namentlich aber mehr stickstofffreie Substanz, zu geben ist.

Ich habe früher schon gesagt, dass so bedeutende Eiweissmengen sich nicht oder wenigstens nur schwer und unter grosser Belastung des Körpers durch Vegetabilien zuführen lassen; es ist hier ein Zusatz von dem leicht verwerthbaren Fleisch geboten, so zwar, dass bis zu 30 und 50 Procent des nöthigen Eiweisses in dieser Form dargereicht werden.

Die Quantität des Stärkemehls soll bei rationeller Ernährung aus den schon angegebenen Gründen auch bei der intensivsten Arbeit 500 Gramm nicht überschreiten und man gibt dann dazu, je nach der Grösse der Arbeit, 56 bis 200 Gramm Fett. Das gleiche Individuum das durch eine gewisse Eiweisszufuhr seine Muskeln und übrigen Organe erhält und dadurch zu einer bestimmten Leistung befähigt ist, braucht bei der Arbeit mehr stickstofffreie Stoffe als bei der Ruhe, und nicht mehr Eiweiss, wie man nach den früheren Vorstellungen allgemein annahm. Es ist bekannt, welche Menge von Speck der norddeutsche Arbeiter zu sich nimmt, oder welche Menge von Butter er auf sein Brod legt und wie viel Schmalz die süddeutschen Bauernknechte während der Ernte zu den Nudeln oder dem Schmarrn beigebacken erhalten.

Nach unsern jetzigen Erfahrungen legen wir bei dem Arbeiter mehr Werth auf die beständige und reichliche Zufuhr der stickstofffreien Stoffe als der stickstoffhaltigen. Die Gemsenjäger nehmen zu ihren beschwerlichen Wanderungen, zu welchen sie möglichst wenig Ballast brauchen, nicht ein eiweissreiches Nahrungsmittel mit sich, sondern Fett, da dieses während der enormen Anstrengung in grosser Menge vom Körper abgegeben. und bei den ohnehin an Fett nicht reichen Leuten schwerer vermisst wird, als der beträchtlich geringere Verlust des in viel reichlicherem Maasse am Körper vorhandenen Eiweisses, welches nachträglich sich durch einige reichliche Mahlzeiten bald wieder ersetzen lässt.

II. Kost für die Soldaten.

Ich habe schon vor etwa 15 Jahren auf Anregung und unter lebhafter Unterstützung des leider verstorbenen Herrn Majors Friedel, der schon damals die eminente Wichtigkeit einer richtigen Ernährung des Soldaten für den Krieg klar erkannte, Untersuchungen hierüber angestellt und das Resultat in einem seitdem in den Acten des kgl. bayer. Kriegsministeriums befindlichen Promemoria niedergelegt. Es hätten sich daraus bei weiterer Verfolgung bestimmte Grundsätze für eine richtige Ernährung der Soldaten unter verschiedenen Verhältnissen entwickeln lassen.

Nach dem bereits Mitgetheilten ist es selbstverständlich, dass ein Soldat, ein in dem kräftigsten Alter stehender gesunder Mann, welcher in unsern Zeiten nicht mehr ein beschauliches Leben in der Kaserne führt, sondern in der Garnison zum Kriege vorbereitet wird, mindestens die vorher angegebene Kost eines mittleren Arbeiters erhalten muss. Während der Manöver und im Felde braucht er die Kost eines stark Arbeitenden.

Für den Kriegsdienst sieht man jetzt endlich die Nothwendigkeit einer solchen Anforderung allgemein ein. Noch in den Kriegen zu Anfang unseres Jahrhunderts hat man diess wenig beachtet; man gab dem Manne meistens täglich 1500 Gramm schwarzes Commissbrod und liess ihn für das weitere selber sorgen. Aber man weiss auch, dass die armen Leute bei stärkeren Zumuthungen in erschrecklicher Anzahl marode wurden, und mehr durch Krankheiten litten als durch den Feind. Man hört von alten Militärs noch den Ausspruch: sie hätten mit der schlecht genährten Truppe durch den guten militärischen Geist derselben dennoch bedeutendes geleistet; es ist diess durch eine äusserste Kraftanstrengung bei einem ebenso mangelhaft verpflegten Feinde wohl möglich, aber dann ist auch die Mannschaft fertig und weiter nicht mehr zu gebrauchen, abgesehen davon, dass eine gut genährte ungleich mehr bewirkt hätte. Der militärische Geist ist ebenfalls abhängig von dem Körper.

Das im Leib eines Soldaten sich zersetzende Material liefert die lebendige Kraft, mit der er nach aussen Wirkungen ausübt; der Feldherr verfügt, entsprechend jenen Zersetzungen, in einer Armee über eine gewisse Summe von lebendiger Kraft, ähnlich wie er zur Verstärkung der menschlichen Kraft in dem Schiesspulver einen Vorrath von Spannkraft mit sich führt, die er im geeigneten Augenblick in lebendige Kraft umsetzt und zu seinen Actionen benützt. Ein Feldherr, der nicht für die ausgiebige Ernährung seiner Soldaten sorgt, begeht einen grösseren Fehler als derjenige, welcher einen ansehnlichen Theil seines Pulvervorrathes mitzunehmen vergisst.

In den neueren Kriegen, in denen es darauf ankommt, den Feind durch Raschheit der Bewegungen zu überbieten und soviel als möglich lebendige Kraft zu einem bestimmten Zeitpunkte zu entwickeln, kann die Bedeutung einer wohlgenährten Armee gar nicht mehr übersehen werden. Eine schlechte und falsch genährte Armee leistet momentan und auf die Dauer nicht das, was eine gut und richtig genährte leistet; durch die grossen Strapazen wird sie bald aufgerieben nnd steht krankmachenden Einflüssen widerstandslos gegenüber.

Es ist hierin glücklicherweise jetzt wesentlich besser geworden. Wenn man aber sieht, welche gewaltigen Mittel aufgeboten und welche geistigen Anstrengungen gemacht werden, um durch eine bessere Bewaffnung und durch eine ausgebildete Taktik das höchste Maass an Leistungsfähigkeit zu erreichen, so wundert man sich doch noch, dass die Ernährung der Truppen, dieses so überaus wichtige Hilfsmittel, nicht in ähnlich exacter Weise wie die übrigen durchgearbeitet worden ist. Sobald man erkennt, dass die Schiesswaffen oder andere Geräthe des Krieges unvollkommen sind, beeilt man sich um jeden Preis Abhilfe zu schaffen; es ist mein Bestreben zu zeigen, dass die Ernährung des Soldaten für den Erfolg von mindestens ebenso grosser Bedeutung ist.

In einer Proclamation des Königs von Preussen, unseres jetzigen Kaisers, nach dem Einrücken der deutschen Truppen in Frankreich vom August 1870, wurden für jeden Soldaten täglich verlangt:

	Eiweiss	Fett	Kohlehydrate
750 Brod	62	—	331
500 Fleisch	91	49	—
250 Speck	4	236	—
30 Kaffee	—	—	—
60 Tabak oder			
5 Stück Cigarren	—	—	—
500 Wein, oder			
1000 Bier, oder			
100 Branntwein	—	—	—
	157	285	331

Wie man mit hoher Befriedigung ersieht, erhält dadurch der Soldat, entsprechend unseren Anforderungen an eine Kost für stark angestrengte

Menschen, das Maximum an Eiweiss, und zwar einen grossen Theil desselben (58 Proc.) in der Form von Fleisch, dann eine nicht zu grosse Menge von Kohlehydraten und eine bedeutende Quantität von Fett. Es ist diess der Wille des obersten Kriegsherrn; die ganze Militärverwaltung muss also alles aufbieten um diess gegenüber allen Schwierigkeiten, die sich bieten, durchzuführen, und zwar mit demselben Eifer mit dem man die Zufuhr der Munition zur Schlacht betreibt.

Ich habe früher als Nahrung für den Soldaten im Felde vorgeschlagen:

	Eiweiss	Fett	Kohlehydrate
750 Brod	62	—	331
500 Fleisch (359 ohne Knochen)	72	33	—
67 Fett	—	67	—
150 Gemüse, Reis etc.	11	—	116
	145	100	447

Ich lege grossen Werth darauf, dass nicht zuviel Kohlehydrate und namentlich, dass dieselben nicht in zu grosser Menge in der Form von Brod gereicht werden, wie es früher der Fall war. Als ich mein Promemoria ausarbeitete, wies ich vor allem auf die Schädlichkeit der grossen Brodrationen hin; ich habe damals als Maximum 750 Gramm Brod angegeben, welche Menge auch zu meiner Freude durch die Erfahrung als das höchste Maass anerkannt worden ist. Das berüchtigte Commissbrod, von dem 19 Procent mit 42 Procent Eiweisses im Koth sich wieder finden, ist zum Glück in Deutschland so ziemlich verschwunden, was als ein grosser Fortschritt gegenüber früheren Zeiten anerkannt werden muss.

Es ist, wie früher schon gesagt, nur den wenigsten möglich, mehr Mehl in der Form von Brod zu verdauen und zu verwerthen; wird trotzdem mehr Brod vertheilt, so wird es entweder unverändert mit dem Koth entleert und bringt noch dazu allerlei Störungen im Körper hervor, oder es wird gar nicht gegessen, sondern einfach weggeworfen. Während des oberitalienischen Feldzuges im Jahre 1859 wurde das Brod in Menge in den Gräben der Landstrassen, auf welchen die österreichischen Truppen marschirt waren, aufgefunden; das gleiche beobachtete man bei den Rückzug der Franzosen im Kriege von 1870. Die Herren der grossherzoglich hessischen Leibcompagnie haben sicherlich nicht die 1019 Gramm Brod verzehrt, welche ihnen nach Liebig's Angabe verabreicht wurden; daher rührt auch offenbar die abnorm grosse Menge von Kohlenstoff, welche Liebig für dieselben berechnet hatte.

An Tagen der Uebungen wird nach dem Gebühren Tarif für den bayerischen Soldaten verlangt:

	Eiweiss	Fett	Kohlehydrate
250 rohes Fleisch	45	22	—
120 Reis, oder	9	—	94
120 Fadennudeln, oder	14	—	88
150 Graupe, oder	7	—	114
300 Hülsenfrüchte, oder	67	—	175
2000 Kartoffeln	40	—	436
750 Brod	62	—	331
Mittel:	134	22	511

Es ist ersichtlich, dass damit keine rationelle Ernährung möglich ist; 2000 Gramm Kartoffeln und noch dazu 750 Gramm Brod zu verzehren, ist eine kaum lösbare Aufgabe, wie sich leicht jeder durch den Versuch an sich selbst überzeugen kann. Am auffallendsten ist aber die verkehrte Werthschätzung von Reis, Hülsenfrüchten, Kartoffeln, Fadennudeln und Graupen, denn es sind Mengen derselben für äquivalent gesetzt, welche ganz ungleiche Quantitäten von Eiweiss und Stärkemehl enthalten und in ihrem Werth um das siebenfache von einander abweichen. In der Mehrzahl der Fälle ist die Menge des Eiweisses etwas zu gering, im Gegensatz dazu die Menge der Kohlehydrate meist viel zu gross, das werthvolle Fett ist gar nicht benützt.

Der Soldat in der Garnison braucht etwa so viel als ein mittlerer Arbeiter; ich hatte in meinem Promemoria für ihn aufgestellt: [1])

	Eiweiss	Fett	Kohlehydrate
750 Brod oder 470 Mehl	62	—	331
230 Fleisch (212 ohne Knochen)	42	23	—
23 Fett	—	33	—
200 Gemüse, Reis etc.	15	—	154
	119	56	485

Leider wird der Verpflegung des Soldaten im Frieden und in der Garnison viel weniger Aufmerksamkeit gewidmet als der im Kriege. Die Soldaten bekommen meist nur eine gewisse Menge von Brod, gewöhnlich 750 Gramm für den Tag, und haben dann für das weitere aus ihrer

1)

	Eiweiss	Fett	Kohlehydrate
nach Playfair: Soldat im Frieden	119	40	529
„ „ angestrengt	153	71	566
nach Artmann: Soldat mässig thätig	100	70	420
„ „ angestrengt	125	100	420

Löhnung zu sorgen. Das letztere geschieht so, dass sie sich bataillons- oder compagnieweise gemeinschaftlich den Mittagstisch verschaffen, indem sie selbst das Nöthige einkaufen oder sich gegen eine gewisse Bezahlung einem Lieferanten überlassen.

Nach dem Gebührentarif der Victualienportionen für das kgl. bayerische Heer soll der Mann in der Garnison erhalten:

	Eiweiss	Fett	Kohlehydrate
150 rohes Fleisch	27	13	—
90 Reis oder	7	—	70
120 Graupe, oder	6	—	91
230 Hülsenfrüchte, oder	32	—	134
1500 Kartoffeln	30	—	327
750 Brod	62	—	331
Mittel:	108	13	486

Gegen diese Aufstellung lassen sich ähnliche Einwendungen machen wie gegen den Tarif für die Uebungen. Der Tarif scheint aber nicht in Ausführung zu kommen, denn ich habe Gelegenheit gehabt zu berechnen, wie viel einzelne Abtheilungen der Soldaten in den Casernen an Nahrungsstoffen in Wirklichkeit erhalten. Es hat sich ergeben, dass wohl zum Theil der Bedarf annähernd erreicht wird, dass aber nicht immer genügend gesorgt ist, namentlich ist die Menge des Eiweisses vielfach zu gering. Entweder kommen dadurch die Leute allmählich herunter, ohne dass sie gerade an Gewicht abzunehmen brauchen, leisten nicht mehr das, was sie sollen, und füllen bei grösseren Anstrengungen die Spitäler, oder sie sind genöthigt, aus eigenen Mitteln sich noch weitere Lebensmittel zu kaufen. Das letztere geschieht nun auch in grösster Ausdehnung, indem in den Marketendereien grosse Quantitäten von Würsten, Käse, besserem Brod, Bier etc. zum Verkaufe kommen. Es ist natürlich, dass dabei die Auswahl nicht immer die passendste ist, und namentlich für Bier und Spirituosen mehr als nöthig ausgegeben wird.

Man hat diess, wie es scheint, für einen Ueberfluss und eine Völlerei gehalten, aber es erweist sich in vielen Fällen als Nothwendigkeit. Auch die ärmsten Eltern sparen nicht selten gerne von dem sauer Erworbenen für die Söhne in der Armee; man sieht, dass diess nicht bloss für Luxuszwecke verbraucht wird, sondern auch theilweise zur Ausgleichung des nöthigen Bedarfs. Der Staat hat, wie kaum jemand bezweifeln wird, die Verpflichtung, den Soldaten zu ernähren; es darf dem letzteren nicht zugemuthet werden, einen Theil der nothwendigen Nahrung aus eigenen Mitteln zu beschaffen, so dass die Angehörigen, neben der Entbehrung der Kraft der Arme ihrer Söhne, auch noch die Last ihrer theilweisen Erhaltung trifft.

Der Staat hat aber auch noch das grosse Interesse, kräftige Körper der Soldaten heranzuziehen und sie nicht schwach zu machen, denn bei Beginn des Krieges will er über starke Männer verfügen.

In jeder Beziehung wäre es daher das beste, wenn der Staat die volle Verpflegung der Mannschaft in natura übernähme, womit noch nicht gesagt ist, dass dieselbe theurer als jetzt zu stehen käme. Ich bin vielmehr nach meinen Berechnungen überzeugt, dass beim Einkauf im Grossen für dieselben Mittel wie jetzt eine völlig zureichende und richtige Kost für den Soldaten sich beschaffen liesse. Nur so besitzt der Staat die Garantie, dass jeder Soldat eine seinem Körper und den ihm zugemutheten Anstrengungen entsprechende Nahrung erhält.

Es wird in dieser Hinsicht für die Pferde besser gesorgt als für den Menschen. So wenig der Staat den Einkauf des Pulvers oder der Gewehre dem Belieben und Gutdünken von Compagnien überlässt, so wenig wird er diesen späterhin bei gereifterer Einsicht die Zusammensetzung der Leiber der Soldaten anvertrauen.

Grosse Beachtung verdient auch der sogenannte eiserne Bestand, in dem bekanntlich der Mann für 3 Tage seine Nahrung in möglichst compendiöser Form für Fälle der Noth mit sich führen soll. Es ist dafür schon alles mögliche vorgeschlagen worden, aber sehr häufig aus Unkenntniss der Vorgänge bei der Ernährung ganz ungeeignetes oder ungenügendes. Es müssen eben auch hier die Nahrungsstoffe in richtiger Menge und in richtigem Verhältniss geboten werden, und jedermann wird verstehen, wie ernst die ganze Sache ist und wie schwer sich eine wesentliche Abweichung davon gerade hier rächt. Nach Liebig („Reden und Abhandlungen" S. 141) soll z. B. der eiserne Bestand in der Armee eines deutschen Mittelstaates, der nicht näher bezeichnet und mir auch nicht bekannt ist, aus 175 Gramm gebranntem Kaffee, 1000 Gramm Reis und 117 Gramm Zucker bestehen, was geradezu ein Hohn auf unser Wissen genannt werden kann.

Man hat neuerdings einen eisernen Bestand aus Brod, Eierconserve und Speck zusammenzusetzen gesucht und hat für den Tag zu nehmen vorgeschlagen:

	Eiweiss	Fett	Kohlehydrate
— Eiconserve	24	30	—
170 Speck	—	170	—
750 Brod oder Zwieback	62	—	324
	86	200	324

Man hat gemeint, diese Kost stelle eine Nahrung dar, weil sich dabei einige Soldaten während ein paar Tagen subjectiv ganz wohl befanden, und sogar etwas an Gewicht zunahmen. Es ist diess ein gutes Beispiel dafür, dass man aus dem Körpergewichte keinen Schluss auf die Erhaltung des Körpers ziehen darf; denn die Leute haben sicherlich zu wenig Eiweiss erhalten und für den Grad der Bewegung zu viel Fett, wesshalb sie Fett angesetzt und, trotz des Eiweissverlustes an Gewicht gewonnen haben.

Ich habe in meinem Promemoria manches über den eisernen Bestand gesagt und eine Reihe von Analysen von Fleischconserven mitgetheilt. Es lassen sich über die Nahrung der Soldaten unter verschiedenen Verhältnissen nach den jetzigen physiologischen Kenntnissen ganz bestimmte und werthvolle Angaben machen. Es war meine Absicht, vorläufig nur einige Schäden aufzudecken und die Möglichkeit ihrer Abhilfe anzudeuten; eine bis ins Einzelne gehende Bearbeitung der Sache, mit Benützung aller Hilfsmittel, wäre dringend geboten.

III. Kost in den Gefängnissen und Alterversorgungsanstalten.

Die Anforderungen an die Kost in den Gefangenanstalten sind wegen der verwickelten Verhältnisse etwas schwierig zu beurtheilen. Es handelt sich um die Ernährung von Leuten von verschiedenem Alter und mit verschiedenen Graden der Beschäftigung, bei welchen man aus nahe liegenden Gründen jeglichen Luxus in der Kost vermeiden will.

Es ist schon viel über die Kost in Gefängnissen geschrieben worden, und es findet sich eine reichliche Anzahl von Angaben darüber, was die Gefangenen in einzelnen Anstalten erhalten, oder wenigstens was sie vorschriftsmässig erhalten sollen.

Es ist aus nahezu allen diesen Zusammenstellungen zu ersehen, dass man die gegebene Kost auf die Dauer für ungenügend hält, da sie nicht selten schlimme Erscheinungen nach sich zieht. Man kam stets in das Dilemma, die Gefangenen nicht hungern zu lassen, und doch ihnen das Leben in den Gefängnissen nicht zu angenehm zu machen.

Ehe man an die Aufstellung des richtigen Kostsatzes für die verschiedenen Gefangenanstalten denken kann, müssen einige Vorfragen erledigt sein.

Es wird wohl heutzutage Niemand darüber im Zweifel sein, dass die Gefangenen wegen ihres Vergehens nur eine Freiheitsstrafe erleiden sollen, und nicht an ihrem Körper und ihrer Gesundheit gestraft werden dürfen. Diess ist aber leichter gesagt als gethan, denn man ist kaum im Stande, Jemanden ohne den Körper zu schädigen, gefangen zu halten.

Die deprimirenden psychischen Eindrücke, der Mangel an Bewegung in manchen Anstalten etc. üben ihren schlimmen Einfluss auf den Körper sicherlich aus. Die gewöhnliche Kost in den Gefängnissen macht einen nicht daran gewöhnten Darm leicht krank und schädigt somit den Körper.

Da es also in den meisten Fällen absolut unmöglich ist, die Schädigungen am Körper und an der Gesundheit in Folge der Haft ganz abzuwenden, so wird man sich dahin aussprechen müssen, dass dieselben keine bleibenden sein dürfen, sondern dass die Gefangenen nach Abbüssung ihrer Strafe die Möglichkeit haben, sich körperlich völlig zu restituiren.

Wo ist aber die Grenze? Was ist das Minimum an einzelnen Nahrungsstoffen, welches ein Gefangener unter den gegebenen Verhältnissen braucht, um seinen Körper auf einem Stand zu erhalten, bei dem er ohne bleibende Schädigung seiner Gesundheit existiren kann?

Hier ist vorzüglich zu beachten, ob der Gefangene eine Arbeit zu leisten hat oder nicht, und dann wie lange seine Haft dauert.

Der Freie nimmt eine gewisse Menge von Eiweiss auf, um einen solchen Stand daran an seinem Körper zu erhalten, dass er den mannichfachen Anforderungen des Lebens gewachsen ist, und so viel von stickstofflosen Stoffen als nöthig ist, um den Fettgehalt zu bewahren.

Ein Gefangener, der nicht arbeitet, braucht keinen so eiweissreichen und muskelstarken Körper, und reicht daher mit weniger Eiweiss aus. Man muss aber dabei immer bedenken, dass dann der muskelstark in das Gefängniss Eintretende von seinen Organen so lange Eiweiss verliert, bis diese sich mit der geringen Eiweissmenge der Gefangenenkost in einen Gleichgewichtszustand gesetzt haben, und dass er schwächer ist. Bis zu einer gewissen Grenze ist späterhin ein völliger Ersatz wieder möglich; jedoch muss man sich sehr hüten, so wenig Eiweiss zu geben, dass ein Gleichgewichtszustand damit nicht möglich ist und der Körper fort und fort, wenn auch täglich ganz geringe Mengen von Eiweiss von sich abgibt. Bei einer kürzeren Haft schadet diess nicht viel, namentlich wenn genügend stickstofffreie Stoffe zugeführt werden, so dass der Körper nicht auch an Fett verliert. Bei längerer Haft und dauernder Abmagerung an Eiweiss geschieht eine Restitution nur noch sehr schwer, die normalen Lebenserscheinungen sind dann nicht mehr möglich, und es treten tiefe Erkrankungen auf.

Der nicht arbeitende Gefangene hat aber auch aus schon bekannten Gründen ansehnlich weniger stickstofflose Stoffe nöthig, als der freie Arbeiter. Auch hier gibt es eine untere Grenze, die man nicht ohne bleibenden Nachtheil für den Gefangenen überschreiten darf. Eine allmähliche Abnahme des Körpers an Fett bringt sogar früher Gefahren mit sich, da bei zu geringem Fettgehalt auch das Eiweiss in sehr grosser Menge der Zerstörung anheimfällt, während die Eiweissabgabe bei einem fettreicheren Körper eine viel geringere ist, und desshalb länger ohne Nachtheil ertragen wird. Der Eiweissverlust allein, z. B. bei ausschliesslicher Zufuhr von Fett, hat auch desshalb nicht so schlimme Folgen, weil der Körper gewöhnlich ungleich mehr Eiweiss enthält, als Fett; der Hungertod tritt meist in Folge des Verschwindens des Fettes am Körper ein, während noch eine nicht unbedeutende Quantität von Eiweiss zugegen ist. Ein Körper, an dem ein gewisser Fettvorrath sich befindet, hält es desshalb bei einem Mangel an Eiweiss und sickstofffreien Stoffen in der Kost länger aus.

Bei einem solchen Zustand des allmählichen Verhungerns, welcher bei mangelhafter Ernährung eintritt, bekommen die Gefangenen, ausser dem Schwinden der Muskeln und des Fettes, ein greisenhaftes Aussehen, ihre Haut nimmt eine eigenthümlich graugelbe Färbung an, die Schleimhäute werden blass, der Körper fühlt sich kalt an, und es geht jegliche Energie des Körpers und Geistes verloren.

Die Folgen einer theilweisen Inanition stellen sich als Ernährungsstörungen erst ziemlich spät ein. Bei Thieren, z. B. Tauben, habe ich bei ungenügender Ernährung solche Erscheinungen erst nach Ablauf eines Jahres sich offenbaren sehen. Es ist daher, besonders bei längerer Haft, mit aller Sorgfalt auf eine Kost zu achten, die für den, wenn auch schwächer gewordenen Körper eine Nahrung ist.

Sollen jedoch die Gefangenen arbeiten, dann muss man ihnen mehr Eiweiss und mehr stickstofffreie Stoffe geben, und zwar von ersteren so viel, dass dadurch ein der Anforderung entsprechender Muskelstand unterhalten wird, ohne den die Arbeit auf die Dauer nicht möglich ist, und von letzteren ebenfalls entsprechend der Arbeit, so dass der Körper kein Fett verliert.

Wir suchen nun die geringste Menge von Eiweiss, Fett und Kohlehydraten auf, welche nicht arbeitenden Gefangenen zu geben ist; den arbeitenden kann wohl keine andere Menge gereicht werden, als den freien Arbeitern, d. h. im Minimum 118 Eiweiss, 56 Fett und 500 Stärkemehl, ja es muss bei stärkerer Anstrengung nach unseren früheren Angaben sogar mehr davon zur Verfügung stehen.

Dr. J. Forster hat bei einem tief in den Sechzigern stehenden, nicht sehr kräftigen Mann, der aber Arbeit verrichtete, in den Einnahmen noch 116 Eiweiss, 68 Fett und 345 Kohlehydrate gefunden.

Die geringsten Mengen der Zufuhr, welche demnach als das Minimum für einen schon herabgekommenen Körper zu betrachten sind, hat Dr. J. Forster bei einer in armseligen Verhältnissen lebenden, noch rüstigen Frau (a.), welche aber einige Zeit darauf an Lungenphthisis erkrankte, und in der Kost alter Pfründnerinnen (b.) beobachtet:

	Eiweiss	Fett	Kohlehydrate
a.	76	23	334
b.	80	49	226

Ich glaube daher, dass man für gefangen gehaltene nicht arbeitende Männer nicht unter den folgenden niedersten Satz herabgehen darf: 85 Eiweiss, 30 Fett und 300 Kohlehydrate. Es ist nicht besonders schwierig aus den uns zu Gebote stehenden Nahrungsmitteln eine dem entsprechende einfache und möglichst wohlfeile Nahrung für Gefangene auszusuchen.

In vielen Gefängnissen gelangt man nun nahe an diese unterste Grenze, sie wird sogar in manchen Anstalten, namentlich in der Zufuhr von Eiweiss und Fett, überschritten. So z. B. werden, nach Böhm's Mittheilung, im Luckau nur 79 Gramm Eiweiss täglich gegeben.

Dr. Ad. Schuster hat die Kost in zwei Münchener Gefängnissen genau geprüft, und zwar in dem Untersuchungsgefängniss in der Badstrasse, in welchem die Insassen nicht arbeiten, und in dem Zuchthaus in der Au, wo gearbeitet wird; er hat dabei ermittelt:

	Eiweiss	Fett	Kohlehydrate
Gefängniss in der Badstrasse, ohne Arbeit:	87	22	305
Zuchthaus in der Au, mit Arbeit:	104	38	521

Diese Zahlen für nichtarbeitende und arbeitende Gefangene streifen nahe an das Minimum, ja sie kommen für die Zufuhr von Fett und theilweise für die von Eiweiss noch darunter. Dabei ist noch etwas wohl zu bedenken.

Man könnte nämlich meinen, dass, wenn die Kost die nöthige Menge von Nahrungsstoffen und diese in dem richtigen Verhältniss enthalte, dann für die Gefangenen genügend gesorgt sei. Es ist aber, wie früher schon hervorgehoben wurde, sehr zu berücksichtigen, in welchen Nahrungsmitteln die Nahrungsstoffe enthalten sind; wird nämlich ein beträchtlicher Theil des obigen Minimums im Darme nicht verwerthet und mit dem Koth unverändert wieder abgeschieden, dann tritt der Körper in die Inanition ein. Ein grosser Theil der in den Gefängnissen gereichten Nahrungsstoffe wird nun gewöhnlich in der Form von Brod, aus schwarzem Mehl bereitet, von

Kartoffeln und anderen eiweissarmen Gemüsen gegeben. Dabei wird stets sehr viel Koth gebildet und somit Eiweiss und Stärkemehl dem Körper entzogen.

Diess ist namentlich bei dem schwarzen kleiehaltigen Brod der Fall. Würde besseres Mehl genommen und ein grösserer Theil desselben zu Nudeln, Schmarrn, Knödeln etc. verbacken, so käme mehr Eiweiss und Stärkemehl zur Verwerthung. Die Gefangenen im Zuchthaus in der Au entleeren, nach den Untersuchungen von Dr. Schuster, 27 Procent des verzehrten Eiweisses im Kothe wieder. Dadurch wird dann eine Kost, die an und für sich genug Nahrungsstoffe enthält, zu einer unzureichenden. Es ist daher hier das über die Ausnützung der Nahrungsstoffe und der Nahrungsmittel früher Gesagte ganz besonders zu beachten.

Es kommt endlich bei der Gefangenenkost noch etwas hinzu, nämlich, dass die Gefangenen sich ihre Speise nicht nach Geschmack aussuchen, niemals das geringste dazu bekommen können, und das Gekochte so nehmen müssen, wie es ihnen geboten wird. Nirgends lässt sich der wesentliche Einfluss der Genussmittel, welche das Gemische von Nahrungsstoffen erst zu einer Nahrung machen, so schlagend darthun, als in den Gefängnissen.

Man hat in dieser Beziehung so grosse Fehler gemacht, da man die Genussmittel als etwas entbehrliches, als eine Art Luxus betrachtete, und glaubte, man hätte durch Zufuhr der nöthigen Nahrungsstoffe dem Bedarf für einen Gefangenen genügt. Man verstand eben die Bedeutung der Genussmittel in unserer Nahrung nicht, und beurtheilte die letztere ausschliesslich nach ihrem Gehalt an Nahrungsstoffen.

In der Mehrzahl der Gefängnisse findet sich in der Kost ausserordentlich wenig Abwechselung, und sie ist meist ganz gleichförmig zubereitet, alles zu einer Masse von breiartiger Consistenz und ohne hervorstechenden Geschmack verkocht.

Wenn man auch einige Zeit hindurch eine solche Kost ganz leidlich findet, wie z. B. ein dieselbe hie und da controlirender Beamter, so ist es doch unmöglich, sie auf die Dauer zu verzehren. Die Leute bekommen trotz lebhaften Hungers nach und nach einen so unüberwindlichen Ekel davor, dass schon beim Anblick und Riechen derselben Würgbewegungen eintreten; es entwickeln sich daraus heftige Dyspepsien, wodurch natürlich eine Ernährung unmöglich gemacht wird, und allerlei Ernährungskrankheiten entstehen.

Dieser merkwürdige Symptomen-Complex, die Erscheinung des Abgegessenseins und des Erbrechens mit reiner Zunge, ist besonders anschaulich von Baer geschildert worden. . Der erfahrene Gefängnissdirector Elvers sagt wörtlich: „Wer das Leben der Sträflinge praktisch kennt, wird wissen, wie furchtbar die monotone, reizlose, wenig animalische Bestandtheile enthaltende Sträflingskost die Leute herunterbringt, wie sie für einen Häring, einen Käse, etwas Butter, eine saure Gurke etc. ihren besten Freund verrathen würden."

Es soll also etwas mehr Abwechselung in die Kost gebracht, das Mehl zu verschiedenen Gebäcken verarbeitet werden, und die Consistenz der Speisen darf nicht stets eine breiartige sein. Die Speisen müssen ferner sorgfältig und schmackhaft zubereitet sein, und zwar von sachkundiger Hand, nicht von einer beliebigen Wärtersfrau. Es braucht keinen Luxus; aber durch Zuthat von Gewürzen, von welchen wir so viele zur Verfügung haben, um Abwechselung in den Geschmack unserer Speisen zu bringen, kann ungemein viel geholfen werden. Ich glaube mich nicht zu irren, wenn ich sage: dass hierin sich am meisten in der Gefangenenkost verbessern liesse, und bei etwas ausgesprocheneren Geschmacke der Kost die übrigen Beschwerden der Haft sich leichter ertragen liessen.

Beachtet man die aufgezählten Anforderungen an die Kost der Gefangenen nicht, dann treten bleibende Schädigungen der Gesundheit derselben ein. Ich weiss mich noch sehr wohl der Zeit zu erinnern, wo die Zuchthäusler, welche gesund und kräftig in die Haft traten, das Hauptcontingent der Leichen in der Anatomie zu München bildeten; sie waren ein geschätztes Material für die Präparation, da so gut wie kein Fett mehr an ihnen vorhanden war. Diess hat sich jetzt unter dem Einfluss einer besseren Kost sehr verändert.

Es gehört, wie gesagt, ein gesunder und kräftiger Darm dazu um eine gewöhnliche Gefangenenkost mit ihrem Ueberschuss an Brod und Kartoffeln zu verwerthen; ein kränklicher Körper erträgt sie nicht. Es ist natürlich unmöglich, für jeden einzelnen Gefangenen je nach seinen Verhältnissen zu kochen, die gewöhnliche Kost muss für alle die gleiche und möglichst einfach sein. Sobald sich aber die ersten Krankheitserscheinungen zeigen, z. B. nach längerer Haft Widerwille gegen die Speisen, Aufstossen, Diarrhöen etc., dann muss man individualisiren, und es muss alsbald eine bessere Ernährung mit leichter verwerthbaren Nahrungsmitteln und grösserer Abwechselung eintreten. In solchen Fällen ist namentlich ein Zusatz von Fleisch geboten, wie er für gewöhnlich schon in den englischen Gefängnissen und auch in den bayerischen eingeführt ist. Es ist Thatsache, dass Menschen sich ausschliesslich von Vegetabilien ernähren können, aber es muss dabei mit grossem Verständniss die Auswahl getroffen sein; nach meinen früheren Bemerkungen halte ich schon für einen unter normalen Verhältnissen lebenden Menschen eine rein vegetabilische Kost nicht für die richtige, und noch weniger für Gefangene mit längerer Haft, da diese sich unter abnormen Umständen befinden und leicht Erkrankungen des Darmes ausgesetzt sind.

Die Feststellung der richtigen Kost für die Gefangenen bildet wohl eine der wichtigsten Seiten des Gefängnisswesens, und es ist nur der Unkenntniss des Einflusses einer fehlerhaften Ernährung auf den Körper zuzuschreiben, dass bei den mannichfachen zum Theil übertriebenen humanen Bestrebungen für das Wohl der Gefangenen diese Angelegenheit von maassgebender Seite noch nicht mehr gewürdigt worden ist.

Die Kost in Armenhäusern und Altersversorungsanstalten gestaltet sich ähnlich der in Gefängnissen. Es handelt sich hier meist um die Ernährung alter, gebrechlicher und erwerbsunfähiger Leute. Da dabei ein schon herabgekommener Körper, der sich keiner anstrengenden Thätigkeit mehr unterziehen kann, zu unterhalten ist, so genügt das Minimum an Eiweiss und stickstofffreien Stoffen, wie es Dr. J. Forster in der Nahrung der alten Pfründnerinnen, welche sich dabei vortrefflich befinden, ermittelt hat. In solchen Anstalten ist natürlich ebenfalls das bei Betrachtung der Kost in den Gefängnissen über die verschiedene Ausnützung der Nahrungsmittel, die Bedeutung der Genussmittel und der Abwechselung in den Speisen Gesagte zu berücksichtigen.

IV. Kost in Waisenhäusern und Erziehungsanstalten.

Dieser Fall unterscheidet sich von den bisher betrachteten dadurch, dass man es nicht mit der Ernährung von Erwachsenen, sondern von Kindern verschiedenen Alters zu thun hat, welche einen grossen Theil des Tages sich geistig zu beschäftigen haben, im übrigen einfache Handarbeiten verrichten und die nöthige körperliche Bewegung sich machen müssen.

Ein kleinerer Organismus braucht bei gleichem Alter zu seiner Erhaltung allerdings eine geringere Quantität von Nahrungsstoffen als ein grösserer, aber nicht im Verhältniss zu seinem geringeren Gewichte, sondern unverhältnissmässig mehr; ein 3 Kilo schweres ausgewachsenes Hündchen verzehrt nicht nur den zehnten Theil von Eiweiss und von Fett wie ein 30 Kilo schwerer Hofhund, sondern etwa den sechsten Theil. Dazu kommt noch, dass der noch nicht ausgewachsene Körper eines Kindes Eiweiss, Fett, Aschebestandtheile etc. in seinen wachsenden Organen zum Ansatze bringen, also einen Ueberschuss dieser Stoffe aufnehmen muss und zwar einen grösseren als dem Ansatz entspricht.

Es sind leider bis jetzt noch keine eingehenden Untersuchungen über die Zersetzungen in dem Körper von Kindern unter verschiedenen Verhältnissen angestellt worden; wir wissen daher noch nichts Zuverlässiges darüber wie viel ein Kind von bestimmtem Alter von den einzelnen Nahrungsstoffen nöthig hat, um einen guten Körperzustand zu erhalten und den nöthigen Stoffansatz beim Wachsthum zu bewirken. Wir sind daher vorläufig in dieser Richtung auf die Zusammensetzung der Kost in Anstalten der Art angewiesen, mit welcher die Kinder erfahrungsgemäss wachsen und gedeihen. Immerhin ist es möglich, dass diese Kost nicht die ideale ist, d. h., dass man mit einigen Aenderungen in den Mengen einzelner Nahrungsstoffe den Zweck noch besser erreichen könnte.

Simler („Ernährungsbilanz der Schweiz" S. 6) hat für Kinder von 0—15 Jahren im Durchschnitt aus dem Bedarf des Erwachsenen unter einigen Annahmen als nothwendig berechnet: 75 Eiweiss, 20 Fett und 250 Kohlehydrate. Es ergibt sich darnach ein Verhältniss von Eiweiss zu den stickstofffreien Stoffen (das Fett mit seinem Aequivalent 1:1.7 in Kohlehydrate umgerechnet) wie 1:3.8.

Hildesheim gibt für Kinder von 6—10 Jahren an: 69 Eiweiss, 21 Fett und 210 Kohlehydrate mit einem Verhältniss von 1:3.6

Ich habe durch den Magistrat genauen Aufschluss über den Verbrauch an Lebensmitteln in dem Münchener Waisenhaus erhalten und daraus die einem Kind im Mittel täglich gegebene Menge von Eiweiss, Fett und Kohlehydraten berechnet. Ich bemerke, dass die Kinder in einem Alter von 6—15 Jahren sich dabei vortrefflich befinden, wohl genährt sind und ein gesundes Aussehen haben. Sie erhalten: 79 Eiweiss, 35 Fett und 251 Kohlehydrate, mit einem Verhältnisse von 1:3.9. Diess sind beinahe dieselben Mengen, welche die alten Pfründnerinnen erhalten.

Vergleicht man mit diesem Bedarf den eines 60 Kilo schweren Mannes, so ergibt sich:

		Eiweiss	Fett	Kohlehydrate	Verhältniss
Kind		79	35	251	1:3.9
Arbeiter im Mittel		118	56	500	1:5.0
Arbeiter	bei Ruhe	137	72	352	1:3.5
	bei Arbeit	137	173	352	1:4.7

Ein Kind von 10—11 Jahren wiegt etwa 23 Kilo. Gleiche Gewichte des Kindes und des ruhenden Erwachsenen z. B. 100 Kilo verbrauchen, entsprechend dem oben gesagten, nicht gleiche Quantitäten der Nahrungsstoffe. Es treffen nämlich auf 100 Kilo:

	Eiweiss	Fett	Kohlehydrate
100 Kilo Kind	343	152	1091
100 Kilo Erwachsener	228	120	586

Man sagt für gewöhnlich, dass das Kind auf gleiche Mengen der stickstofffreien Stoffe mehr Eiweiss brauche als der Erwachsene, da es das Eiweiss zum Wachsthum der Organe nöthig habe. Diess ist für ein Kind von 10 Jahren nicht richtig, denn der ruhende Erwachsene zeigt nahezu das gleiche Verhältniss des Eiweisses zu den stickstofffreien Stoffen in der Nahrung, aber der arbeitende Erwachsene zerstört mehr stickstofffreie Stoffe und muss daher verhältnissmässig mehr davon verzehren.

Im ersten Lebensjahre bekommt ein mit Muttermilch ernährtes Kind allerdings verhältnissmässig mehr Eiweiss, denn die Milch des Weibes zeigt ein Verhältniss von 1:2.7. Die Untersuchung der Kost der Kinder in den ersten Lebensjahren gehört nicht zu meiner gegenwärtigen Aufgabe und ich unterlasse es daher auf dieses so überaus wichtige Thema einzugehen. Ich bemerke nur, dass in den ersten Lebensjahren häufig im Verhältniss zum Eiweiss wesentlich mehr stickstockstofffreie Stoffe gegeben werden als in der Muttermilch, ja sogar mehr als in der Nahrung des arbeitenden Mannes. Dr. J. Forster hat nämlich die Kost von jüngeren Kindern untersucht und gefunden:

Alter	Nahrung	Eiweiss	Fett	Kohlehydrate	Verhältniss
7 Wochen	Mehlbrei	29	19	120	1:5.3
4—5 Monate	Chamer Milch	21	18	98	1:6.1
1½ Jahr	gemischt	36	27	150	1:5.4

Es ist selbstverständlich, dass bei der Kost in Waisenhäusern und Erziehungsanstalten ähnliche Anforderungen an die Ausnützbarkeit der Nahrungsmittel und an den Gehalt an Genussmitteln gemacht werden wie bei der Kost der Erwachsenen.

Man kann in dieser wie in jeder anderen Beziehung die Kost in dem Münchener Waisenhaus, über welche bei einer anderen Gelegenheit weitere Mittheilungen gemacht werden sollen, soviel wir bis jetzt wissen, als mustergiltig hinstellen.

V. Kost in Krankenhäusern.

Bei der Kost von Kranken liegen ganz eigenthümliche, vielfach wechselnde Verhältnisse vor. Es ist nicht möglich in einem kurzen Referate auf alle hier in Betracht kommenden Umstände näher einzugehen; es soll diess demnächst von Herrn Dr. Friedrich Renk geschehen, der auf meine Veranlassung die Kost in dem Münchener grossen Krankenhause genau auf ihre Bestandtheile an Nahrungsstoffen geprüft hat. Ich will nur ganz kurz auf einige wesentliche Puncte aufmerksam machen.

Unter allen Umständen handelt es sich in jenem Spital um die Kost für nichtarbeitende, möglichst ruhende Erwachsene.

In den meisten Fällen ist der Körper durch die Krankheit herabgekommen; es ist daher, um einen solchen mit einer geringen Organmasse versehenen Körper zu erhalten, weniger Eiweiss nöthig als für einen kräftigeren Leib und es bedarf derselbe ferner, der geringfügigen Thätigkeit halber, auch weniger stickstofffreie Stoffe. Es bewirkt desshalb bei Reconvalescenten und chronisch Kranken eine Quantität von Eiweiss und stickstofffreien Stoffen die dem Gesunden nicht genügt, schon einen Ansatz von Fleisch und Fett. Die volle Kost im Spital wird daher dem Minimum der für Gefangene vorher geforderten nahe kommen.

Bei sehr vielen, namentlich acuten fieberhaften Krankheiten ist es unmöglich den Körper auf seinem normalen Bestande zu erhalten; man kann nur dahin trachten, ihm wenigstens so viel zuzuführen, dass er genug behält um eine längere Krankheit zu überstehen und nicht zu verhungern. Nie wird es gelingen einen Kranken durch einen intensiven Typhus ohne Abmagerung hindurch zu bringen; schon die Erkrankung des Darmes und die häufigen Entleerungen desselben setzen dem ein Hinderniss entgegen. Aber die zu weit gehende Abmagerung und das Auftreten tiefgreifender Ernährungsstörungen müssen mit allen Mitteln vermieden werden.

Die Aerzte haben bekanntlich früher die Ernährung der Kranken wenig beachtet, ja sie haben sogar geglaubt, dass jedes Essen bei acuten fieberhaften Krankheiten das Fieber vermehre und desshalb schädlich sei. Man liess die Kranken hungern und nahm ihnen sogar noch Blut weg, so dass Tausende in Folge dieses unseligen Irrthums nicht an der Krankheit, sondern an Hunger zu Grunde gegangen sind.

Man hat jetzt glücklicherweise andere Anschauungen hierüber gewonnen. Den Typhuskranken z. B. sucht man so oft als möglich etwas beizubringen; aber es werden noch manche verhängnissvolle Fehler begangen aus Unkenntniss der Vorgänge bei der Ernährung und des Werthes der einzelnen Nahrungsstoffe.

Viele Aerzte haben den Kranken Fleischbrühe oder eine Lösung von Fleischextract einzuflössen versucht und manche thun es noch, in der Meinung dem Kranken dadurch eine Nahrung in compendiöser Form beizubringen, während doch bekanntlich die Fleischbrühe oder das Fleischextract auch in den grössten Mengen keine Nahrung darstellen, ja sogar für den Kranken gar keinen Nahrungstoff enthalten. Der Mensch verhungert dabei in derselben Zeit wie ohne jegliche Speise. Der hohe Werth dieser Substanzen ist ein ganz anderer und soll später noch erörtert werden.

Man hat das kalt bereitete saure Fleischinfusum in grosser Ausdehnung angewendet und angegeben, dass Kranke sich Monate lang ausschliesslich und zwar bis zur vollkommenen Herstellung ihrer Gesundheit damit erhalten und an Fleisch und Kräften zunehmen. Eine solche Wirkung ist absolut unmöglich. In diesem Infusum befinden sich nämlich nur 1.2 Procent Eiweiss und keine stickstofffreien Nahrungsstoffe. Wenn daher selbst sechs Unzen oder 180 Gramm desselben im Tag zur Verwendung kommen, so erhält der Kranke nur 2.2 Gramm Eiweiss, welche nicht im entferntesten genügen.

Würde auch das Infusum viel mehr Eiweiss enthalten und mit weniger Widerwillen genommen, so wäre sein Nutzen doch nur gering, da ja der kranke Körper nicht nur an Eiweiss, sondern auch an Fett möglischst wenig einbüssen soll. Es hat sich unter vielen Aerzten noch die Meinung erhalten, dass das Eiweiss das einzig Nahrhafte sei und die stickstofffreien Bestandtheile der Nahrung nur die Wärme liefern. Aber die Zufuhr der stickstofffreien Stoffe ist für den Kranken so wichtig wie die des Eiweisses. Ich habe schon hervorgehoben, dass die allmähliche Abnahme des Körpers an Fett gefährlicher ist als die an Eiweiss allein, da der Körper meist viel weniger Fett enthält als Eiweiss und da in einem fettarmen Körper das Eiweiss in grossen Quantitäten zerstört wird. Darum habe ich bei jeder Gelegenheit die Wichtigkeit der stickstofffreien Stoffe für die Ernährung der Kranken betont. Da der Darm bei Krankheiten meist nur wenig Fett erträgt, so nimmt man Kohlehydrate in entsprechender Form, z. B. feines Stärkemehl, aus dem man ein Mus oder einen leichten Auflauf bereitet. Daneben sucht man Eiweiss beizubringen in einer dem Darmcanal möglichst leicht zugänglichen Form, z. B. in fein zerwiegtem rohen oder gekochten Fleisch, oder in dem von mir aus frischem Fleische dargestellten Fleischsaft, der mehr Eiweiss (6 Procent) enthält als das Fleischinfusum und auch lieber genommen wird.

Man muss dahin trachten dem heruntergekommenen und abgemagerten Kranken beim Eintritt in die Reconvalescenz das zu Verlust gegangene Eiweiss und Fett wieder zum Ansatz zu bringen. Auch für diesen Ansatz haben die stickstofffreien Stoffe eine wesentliche, lange Zeit nicht gewürdigte Bedeutung. Ohne sie kommt weder Eiweiss noch Fett in irgend erheblicher Menge zur Ablagerung. Darin liegt die Erklärung des hohen

Werthes, den die Aerzte seit jeher leichten Mehlspeisen bei der Reconvalescenz beilegen. Es ist von vornherin wahrscheinlich, dass zur Bewirkung des Ansatzes von Eiweiss und Fett dem sich Erholenden im Verhältniss zum Eiweiss mehr stickstofffreie Stoffe gegeben werden als dem ruhenden Gesunden.

Dem Darmcanal eines Kranken oder Reconvalescenten darf natürlich nur eine solche Speise zugemuthet werden, welche ihm so wenig als möglich Arbeit macht, also leicht ausnützbare Nahrungsmittel. Bei Gesunden mit kräftigem Darm ist es kaum möglich zu erforschen, welche Substanzen leichter und mit geringerer Anstrengung ausgelaugt werden; ein gesunder Darm erträgt alles gleich gut. Bei einem kranken Darm aber merkt man alsbald was ihm zusagt und was ihm schädlich ist. Einen Kranken wird man nicht mit grobem Schwarzbrod oder mit gesottenen Kartoffeln etc. füttern; man gibt ihm die Substanzen so fein vertheilt als möglich, damit die Oberfläche eine grössere ist und nichts rauhes die Darmschleimhaut beleidigt; man wählt Speisen, welche wenig Koth hinterlassen und man wird dabei Nahrungsmittel aus dem Thierreich, z. B. Fleisch, Milch, Eier etc., nicht entbehren können. Das sind Dinge, die sich von selbst verstehen.

Auch für den Kranken und Reconvalescenten sind die Genussmittel von wesentlicher Bedeutung, ja in gewisser Beziehung noch wichtiger als für den Gesunden. Die Kranken haben häufig einen Widerwillen gegen jede Speise und längere Zeit keinen rechten Appetit. Nur durch die Genussmittel ist man im Stande die Lust zu dem Essen von Nahrungsstoffen zu erwecken und dem lange unthätigen Darm die Fähigkeit wieder zu geben Nahrungsstoffe zu verändern und zu resorbiren. Meistentheils gibt man Anfangs zu dem Zweck ein reines Genussmittel ohne Nahrungsstoffe, nämlich eine gute aus Fleisch oder Fleischextract bereitete Fleischbrühe, welche dafür ein wahres Labsal ist und welche auch der Gesunde gebraucht um vor der Hauptmahlzeit den Magen in die gehörige Verfassung zu versetzen. Wer meinen Auseinandersetzungen über die Bedeutung der Genussmittel, die ich für unsere Nahrung für ebenso wichtig halte als die Nahrungsstoffe gefolgt ist, wird erkennen, dass ich die Fleischbrühe oder das Fleischextract nicht für unnütz halte, sondern ihnen vielmehr eine grosse Rolle zuschreibe. Jedermann weiss, welche ausserordentlichen Erfolge man bei Kranken durch die für den Gesunden entbehrlichen Genussmittel, wie z. B. durch einen Schluck starken Weines, erzielt, nicht weil man ihm dadurch Nahrungsstoffe beibringt, sondern weil unter ihrem Einfluss die, die meisten Vorgänge im Körper regierenden

Nervencentralorgane wie ein ermüdetes Lastthier durch einen Peitschenhieb zu grösseren Leistungen aufgestachelt werden und so die im Erlöschen begriffene Thätigkeit wichtiger Organe noch eine Zeit lang erhalten wird. Der Alkohol ist, nebenbei gesagt, nach unserer Definition nur dann ein Nahrungsstoff, wenn er Stoffe des Körpers ganz oder theilweise vor der Zersetzung schützt; er ist es nicht wenn er nur im Körper oxydirt wird und dabei eine gewisse Menge von Wärme liefert, aus welcher man also auch nicht den Werth eines Stoffes als Nahrungsstoff bemessen kann; aus allen Versuchen geht nun hervor, dass der Alkohol weder die Eiweiss- noch die Fettzersetzung in irgend erheblichem Grade beeinflusst.

Dies sind in aller Kürze die wichtigsten, allgemein giltigen Anforderungen an die Kost in Spitälern; es gibt jedoch eine Menge von Kranken die ihre bestimmte Kost erfordern, wie z. B. der an der Zuckerharnruhr Leidende, worauf ich hier nicht einzugehen habe.

Da wir bis jetzt nur für wenige Fälle bei kranken Menschen den Gesammtumsatz an Stoffen kennen, so bleibt uns vorderhand nichts übrig, als die Zusammensetzung der in einzelnen Krankenhäusern gebräuchlichen Kost zu untersuchen, um vielleicht daraus weitere Anhaltspunkte zu gewinnen.

Es gibt in jedem Krankenhause verschiedene Kostsätze, meist mit $^1/_4$, $^1/_2$, $^3/_4$ und ganzer Kost bezeichnet.

Die meisten Mittheilungen über die Krankenkost beziehen sich auf die ganze Kost oder die Kost der Reconvalescenten, welche dem Minimum des Bedarfs für Gefangene und Pfründner sich annähern wird. Es ist nicht die Aufgabe den Genesenen im Spital wieder vollkommen zu kräftigen und auf seinen Normalbestand an Eiweiss und Fett zu bringen, sondern nur so weit herzustellen, dass dieser Kräftigung ausserhalb des Spitals nichts mehr im Wege steht. Die Kost der Pfründnerinnen enthält 80 Eiweiss, 49 Fett und 266 Kohlehydrate (Verhältniss 1:4.4); das von mir für nicht arbeitende Gefangene verlangte Minimum beträgt 85 Eiweiss, 30 Fett und 300 Kohlehydrate (Verhältniss 1:4.1).

Ueber den Gehalt an einzelnen Nahrungsstoffen in den übrigen Kostsätzen des Spitals ist nur wenig bekannt. Es liegen allerdings einige Angaben von Hildesheim, meist aus Militärspitälern, vor, aber diese sind zum Theil lückenhaft, oder es ist ungewiss, ob die Kranken wirklich die Stoffe in der angegebenen Menge gegessen haben. Aus dem Gewichte der für einen Kostsatz verbrauchten Lebensmittel kann man nämlich den Verbrauch durch die Kranken nicht einfach berechnen, da die Abfälle beim Kochen sehr bedeutend sind, deren Bestimmung viel Mühe verursacht. Es bleibt zur Controle nichts übrig, als während einer Reihe von Tagen Portionen der verschiedenen Kostsätze, wie sie die Kranken erhalten, wegzunehmen und der Untersuchung zu unterwerfen. Diess hat Herr Dr. Renk gethan und für die Kost des hiesigen grossen Krankenhauses folgende Mittelwerthe gefunden:

Kostsatz	Eiweiss	Fett	Kohlehydrate	Verhältniss
1/4 Kost	33	24	146	1:5.7
2/4 „	45	28	173	1:4.9
3/4 „	63	39	186	1:4.0
4/4 „	67	49	226	1:4.6

Die Menge der einzelnen Nahrungsstoffe nimmt dabei allmählich zu und erreicht zuletzt nahezu das obige Minimum der Pfründnerinnenkost. Es ist bemerkenswerth, dass Anfangs wirklich verhältnissmässig mehr stickstofffreie Stoffe gegeben werden, wie ich vorausgesagt hatte, und dass noch bis zuletzt der Reconvalescent verhältnissmässig mehr davon erhält, als der ruhende Arbeiter.

In den von andern aus Spitälern mitgetheilten Kostsätzen sind nur sehr geringe Mengen von Fett enthalten, was entweder ein Fehler in der Kost ist oder auf Fehlern in den Aufzeichnungen des Autors beruht.

Dr. Renk wird baldigst über seine Untersuchung eingehend berichten. Die weitere Verfolgung der Sache ist, wie sich schon aus meinen kurzen Mittheilungen ergibt, von der grössten Tragweite.

VI. Kost in Volksküchen.

Es soll die Aufgabe in Volksküchen sein, einen guten Mittagstisch, d. h. die Hauptmahlzeit, zum Selbstkostenpreis abzugeben. Der Unbemittelte erhält auf diese Weise eine Mittagskost, die er sich in gleicher Güte nur zu einem wesentlich höheren Preise verschaffen könnte, während er für das Frühstück und Abendbrod viel leichter das Nöthige zu besorgen vermag.

Ich brauche wohl kaum zu erwähnen, dass in der Stadt München zuerst in grösserem Maassstab ein Versuch der Art gemacht worden ist, und zwar durch den Grafen Benjamin v. Rumford (1797), einen der geistreichsten und edelsten Menschen, welcher neben seinen rein wissenschaftlichen Arbeiten von hohem Werthe, die man wegen ihrer originellen Versuchsweisen und Gedanken stets mit wahrem Vergnügen liest, sich auch mit gemeinnützigen Dingen beschäftigte. Es ist ihm in München ein ehernes Denkmal errichtet worden, ein dauernderes aber hat er sich selbst in seinen Suppenanstalten und seiner allbekannten Suppe gesetzt.

Es liegen viele Mittheilungen über das in den Volksküchen Gebotene vor, es ist jedoch von anderer Seite noch nicht untersucht worden, ob denn die Speise den Anforderungen an eine Mittagsmahlzeit entspricht, ob genügend gegeben wird, und ob die Nahrungsstoffe in dem richtigen Verhältnisse sich darin befinden, und wie es dabei mit der Ausnützung, der Abwechselung und den Genussmitteln steht.

Ich hatte vor einigen Jahren den Auftrag, für den Münchener Magistrat ein Gutachten über die Kost in Volksküchen zu verfassen, und war im hohen Grad erstaunt, auch nicht einmal die Vorarbeiten für ein solches vorzufinden. Es war nämlich unbekannt, wie viel ein gesunder Mensch, der sich richtig, aber nach seiner Auswahl ernährt, von den im Tag zu einer Nahrung ihm nöthigen Nahrungsstoffen in seiner Hauptmahlzeit verzehrt. Es waren daher vorerst genauere Bestimmungen hierüber zu machen, und es hat sich dabei für Arbeiter herausgestellt, dass etwa 50 Proc. des Eiweisses, 61 Procent des Fettes und 32 Procent der Kohlehydrate in der Mittagskost aufgenommen werden. Später hat Dr. Forster noch einige Bestimmungen der Art an zwei Arbeitern und zwei jungen Aerzten ausgeführt und ähnliche Zahlenwerthe wie ich (nämlich in Mittel 45 Procent Eiweiss, 57 Procent Fett und 39 Procent Kohlehydrate) erhalten. Danach lässt sich nun, wenn der Gesammtbedarf an Nahrungsstoffen für den ganzen Tag bekannt ist, das für den Mittagstisch Nöthige leicht berechnen.

Auf diese Weise fand sich, dass in einer ausreichenden Mittagskost enthalten sein müssen:

	Eiweiss	Fett	Kohlehydrate
für den Arbeitenden	59	34	160
für Pfründner	40	30	85
für Kinder von 6—15 Jahren	39	21	80

Ich habe nun nach den Rechenschaftsberichten verschiedener Volksküchen mit grosser Mühe die Mengen der einzelnen Nahrungsstoffe berechnet, welche in einer von denselben verabreichten Portion enthalten sind und dabei im Mittel gefunden:

	Eiweiss	Fett	Kohlehydrate
Münchener Suppenanstalt	14	3	32
Volksküche in Leipzig	24	8	71
„ „ Dresden	37	10	100
„ „ Berlin	35	19	178
Egestorff in Hannover	35	8	210
In Köln (mit Fleischextract)	49	—	188
Speiseanstalt in Hamburg	41	5	133

	Eiweiss	Fett	Kohlehydrate
Volksküche in Hamburg	50	11	187
Speiseanstalt in Karlsruhe	58	16	180
Erforderniss	59	34	160

Aus dieser Zusammenstellung ersieht man mit wahrem Schrecken, wie viel bei den meisten Anstalten dieser Art zu einer ausreichenden Mittagsmahlzeit noch fehlt. Man gibt sich hier offenbar einer argen Täuschung hin; denn wenn die Leute von dem Volumen des Essens befriedigt sind und sich satt fühlen, so haben sie noch nicht nothwendig eine Nahrung für die Mittagszeit aufgenommen.

Nur ein kleiner Theil der Volksküchen liefert das für altersschwache Pfründner nöthige Maass, aber nicht das für einen arbeitenden Mann. Die Menge der Kohlehydrate ist zwar bei der Mehrzahl derselben genügend, aber nicht die des Eiweisses, am meisten und durchgängig fehlt es aber auffallenderweise am Fett, dessen Bedeutung man in den betreffenden Kreisen, wie es scheint, gar nicht zu schätzen weiss; eine gut geschmalzene Suppe gilt schon im Volksmund als etwas Begehrenswerthes. Man hat offenbar in solchen Anstalten bis jetzt mehr auf die wohlfeile Herstellung als auf die richtige Zusammensetzung der Speise gesehen; es ist eben unmöglich für den meist zu geringen Preis das Nöthige zu liefern.

Nach Abfassung meines Gutachtens habe ich den Rechenschaftsbericht über die Thätigkeit des Karlsruher Männer-Hilfsvereins vom Jahre 1873 erhalten, in welchem Professor Dr. Birnbaum auf Grund meines Gutachtens die Leistungen der in Karlsruhe bestandenen Speise-Anstalt prüfte. Die Karlsruher Anstalt gab zwei verschiedene Portionen aus, eine für 10 Kreuzer und eine für 7 Kreuzer; in diesen Portionen fand sich nach Zurechnung von 80 Gramm Brod für 1 Kreuzer:

	für 10 Kreuzer			für 7 Kreuzer		
	Eiweiss	Fett	Kohlehydrate	Eiweiss	Fett	Kohlehydrate
März	58	16	180	43	11	140
Aug. u. Sept.	52	10	183	39	7	142

Die grössere Portion für 10 Kreuzer kommt dem Erforderniss für Arbeiter sehr nahe und es ist diese nicht genug hervorzuhebende Leistung des Karlsruher Vereins der thatsächliche Beweis, dass man für eine mässige Summe dem Bedarf genügen kann. Wenn man in der kleineren Portion für 7 Kreuzer die Menge der Kohlehydrate verringert und die des Fettes etwas erhöht, so hat man darin die für Kinder und nicht arbeitende Erwachsene nöthigen Nahrungsstoffe.

Es ist nicht schwierig diejenigen Speisen zusammenzustellen, in welchen die genannten Mengen der Nahrungsstoffe enthalten sind. Ich habe meinem Gutachten 20 Recepte der Art beigefügt, um eine Anzahl von Beispielen zu geben. Aus Unkenntniss der in einer Kost enthaltenen Nahrungsstoffe finden sich im Werthe der an verschiedenen Tagen von einer Volksküche abgegebenen Portionen ganz kolossale Unterschiede; so betragen z. B. die Schwankungen des Eiweissgehaltes der Kost der Berliner Volksküche 9—80 Gramm. Den Werth der Legumiosen als Eiweiss-Träger kennen die Wenigsten. Bei einiger Kenntniss ist es leicht die täglich ausgegebenen Portionen, trotz der verschiedensten dazu verwendeten Nahrungsmittel, nahezu gleichwerthig zu machen. Die Mehrzahl der von mir aufgestellten Recepte ist auf Veranlassung des Münchener Magistrats genau nach meinen Angaben hergestellt und das Essen, was die Quantität und den Geschmack betrifft, vortrefflich befunden worden. Sachverständige berechneten damals den Kostenpreis einer Portion auf 10 oder 11 Kreuzer.

Man muss auch hier bei der Zusammenstellung der Speisen darauf achten, dass sie nicht in zu grosser Menge Substanzen enthalten, welche schwer auslaugbar sind und zu viel Koth erzeugen. Die Menge des Brodes soll 80 Gramm nicht übersteigen und die der Kartoffeln in der Regel nicht 280 Gramm.

Die Genussmittel dürfen in der Kost der Volksküchen nicht fehlen; die Speisen müssen daher schmackhaft gekocht sein und in der gehörigen Abwechselung gebracht werden. In den meisten Volksküchen, z. B. in der zu Berlin, wird in einer einzigen Speise, die in einer dicken Suppe besteht, die ganze Portion aufgetragen. In andern Städten, z. B. in Hamburg, war man damit nicht zufrieden und es verschafften sich anfangs die Volksküchen dort keinen Eingang; man verlangte die Suppe, das Fleisch und das Gemüse getrennt. Nach dem was ich früher über die Bedeutung der Abwechselung in der Kost gesagt habe, ist ein solches Verlangen wohl begründet; wir sind für gewöhnlich nicht im Stande die grosse Quantität unserer Mittagsmahlzeit in einer gleichmässig schmeckenden Masse zu verzehren.

Ich möchte auch noch auf den eigenthümlichen Werth des leimgebenden Gewebes, nämlich der Knochen, Knorpel, Sehnen etc., für die Zubereitung der Kost in öffentlichen Anstalten aufmerksam machen. Man hat schon vielfach in Dampftöpfen diese für unsere Kost sonst unbrauchbaren Theile ausgekocht und Leim daraus gewonnen, welchen man lange als das eigentlich Nährende in unseren Speisen hielt. Es knüpft sich an die Frage nach dem Nährwerth des Leims eine lange für die Ernährungslehre höchst interessante Geschichte. Wir wissen jetzt, dass der Leim einen Theil des werthvollen Eiweisses erspart und vor der Zersetzung schützt. Man braucht daher, um den Körper auf seinem Eiweissbestand zu erhalten, bei Gegenwart von Leim weniger Eiweiss in der Kost zu geben. Der Leim ist in der That ein schätzbarer Nahrungsstoff und man thut gut ihn aus den abfallenden Knochen, Sehnen und Knorpeln auszuziehen und in der Nahrung zu verwerthen.

Durch die Errichtung von Volksküchen kann mit relativ geringen Mitteln viel Gutes geschaffen werden. Wenn die Aermeren eine ausreichende, allen Anforderungen entsprechende Mittagsmahlzeit bekommen für eine geringere Summe als sie sonst für ein an Brod und Kartoffeln überreiches schlechtes Mahl ausgeben, so wird nicht nur die grösste Noth gelindert, sondern es wird auch die Bevölkerung tauglich gemacht für intensivere Arbeit und durch Erhöhung der Widerstandskraft in Folge der besseren Ernährung der Ausbreitung von Krankheiten entgegengetreten. Es ist nicht meine Aufgabe auseinanderzusetzen, wie sich an die Volksküchen noch Weiteres anreihen könnte, indem man Einzelne durch Leistung von Arbeit für die Volksküchen und für andere öffentliche Zwecke ihre Mahlzeit abbezahlen liesse und ihnen dadurch zu Zeiten der Noth ihr tägliches Brod sicherte. Dem Wohlthätigkeitssinn wäre auf diesem Gebiet ein weites und fruchtbares Feld eröffnet.

Ich bin hiemit am Ende meiner Darlegungen angekommen. Es war, wie ich im Eingang hervorgehoben habe, meine Hauptaufgabe auf die enorme Wichtigkeit des Gegenstandes für die Bestrebungen in der öffentlichen Gesundheitspflege hinzuweisen und ferner darauf, dass man im Stand ist die in der Ernährungslehre in den letzten Zeiten gewonnenen Kenntnisse für die Verbesserung des menschlichen Daseins zu verwerthen.

Es war bekanntlich hauptsächlich Liebig, welcher, durch die chemische Erforschung der Stoffe der Nahrung, des Körpers und der Excretionsproducte vorbereitet, mit kühnem Griff seine Ideen über die Vorgänge bei der Ernährung entwickelte und dadurch den Grund zur Bearbeitung dieses Theiles der Physiologie legte. Er hatte dadurch den Physiologen die Aufgabe gestellt, eine Anzahl wichtiger Gesichtspunkte durch Untersuchungen am Thierkörper zu prüfen, und dann, gestützt auf die dadurch errungenen Kenntnisse, die Lehre von der Ernährung immer weiter auszubauen. Ich sollte denken die Münchener physiologische Schule habe sich der ihr gewordenen Aufgabe würdig gezeigt.

Die Wissenschaft hat sich schon öfters auf anderen Gebieten in ähnlicher Weise nützlich gemacht. Man hat z. B. den ausgebreitetsten Handel getrieben lange ehe die Wissenschaft der Nationalökonomie sich entwickelt hatte; durch letztere erkannte man jedoch erst die Gesetze des Handels und lernte was gethan werden müsse um einen bestimmten Zweck am besten zu erreichen; ebenso haben die Menschen seit Jahrtausenden gegessen und sich ernährt, aber die Wissenschaft gibt erst die Mittel an die Hand zu beurtheilen, welche Nahrung in einem gegebenen Falle die beste ist.

Die Ernährung ganzer Bevölkerungsklassen ist häufig eine ungenügende und unrichtige, nur veranlasst durch falsche Vorstellungen über die Anforderungen, welche an eine ideale Nahrung gestellt werden müssen. Durch Ausbreitung der Kenntnisse hierüber und auch durch Errichtung von Volksküchen, durch welche den Leuten gezeigt wird was eine gute Kost ist, deren Wirkungen sie an ihrem eigenen Leib und ihrer Gesundheit erproben können, wird schon unendlich viel Gutes gestiftet. Ebensoviel lässt sich jetzt schon in öffentlichen Anstalten thun; ich habe es desshalb für wichtig gehalten einige fehlerhafte Einrichtungen in denselben, welche so tief einschneidende Folgen nach sich ziehen, zu beleuchten; nur wenn man das Uebel klar erkennt, wird man auch Hilfe bringen können.

Noch viel mehr bleibt aber zu thun übrig in der Erforschung der Ernährung des Menschen. Man muss noch weiter den ganzen Stoffverbrauch an verschiedenen Menschen (Männern, Weibern, Greisen, Kindern verschiedenen Alters) unter den mannichfachsten Umständen (zu verschiedener Jahreszeit, bei verschiedener Arbeit, bei Gesunden und Kranken) untersuchen, als es bis jetzt geschehen ist. Es ist diess eine grosse Aufgabe, die aber jetzt dadurch erleichtert wird, dass die Ziele genau bekannt und die Methoden scharf ausgearbeitet sind und schon Beispiele vorliegen.

Es kann sich allerdings nicht Jeder direct an diesen Bestrebungen betheiligen, diess ist Sache der dafür eingerichteten physiologischen Laboratorien. Aber es ist schon von Vortheil, wenn man in weiteren Kreisen weiss, welche Tragweite für unser Wohlergehen die Arbeiten in diesen Anstalten haben; denn sollte es einmal nicht mehr möglich sein mit den Mitteln derselben den betretenen Weg weiter zu verfolgen, so wird der Druck der öffentlichen Meinung Hilfe schaffen.

Bei einer anderen Aufgabe vermögen aber noch Andere Antheil zu nehmen. Es ist nämlich, um tiefere Einblicke in die Verschiedenheiten der menschlichen Ernährung zu gewinnen und um jetzt schon erkennbare Fehler gut zu machen, nothwendig die Kost in den öffentlichen Anstalten einer Untersuchung unterziehen zu lassen und diess ist zunächst Sache der städtischen oder staatlichen Verwaltungen. Ich werde die Methode einer solchen Prüfung, wie sie bei meinen Arbeiten dieser Art und bei denen von Dr. Forster, Dr. Schuster und Dr. Renk geübt worden ist, beschreiben, damit darnach in einheitlicher Weise verfahren werden kann. Ehe solche Erhebungen nicht in grösserer Anzahl vorliegen, können weitere Schritte nicht geschehen; liegen dieselben jedoch vor, so lässt sich darauf weiter bauen, was für die Zukunft sicherlich ein ausgiebiges Gebiet segensreicher Wirksamkeit werden wird.

Ich habe daher vorläufig der Versammlung, welche mich zu meinem Vortrage veranlasst hat, die Resolution unterbreitet: dieselbe wolle erstens die geeigneten Schritte thun, dass nach den von mir dargelegten Methoden von zuverlässigen und sachverständigen Männern die in staatlichen und städtischen Anstalten gereichte Kost einer genauen Untersuchung unterzogen werde, und sie wolle dann zweitens Sorge tragen, dass die erlangten Resultate dem Congress zur weiteren Verwerthung zukommen.

Zur Ermunterung den bezeichneten Weg zu betreten und auf ihm auszuharren, erwähne ich schliesslich noch einen Ausspruch, welchen der hervorragende holländische Gelehrte Donders in einem im Jahre 1853 erschienenen kleinen Buch „über die Nahrungsstoffe" gethan hat, in welchem es heisst: „Wer mit aller ihm innewohnenden Kraft an der Entwicklung dieser Kenntnisse arbeitet und mit Ausdauer den Resultaten seiner Untersuchung Eingang zu verschaffen bestrebt ist — der arbeitet auf breiter Basis an der Entwicklung der Menschheit."

Anhang.

Methode der Untersuchung der Kost auf die in ihr enthaltenen Nahrungsstoffe.

Bei genauen Versuchen über die Ernährung des Menschen müssen die dem Körper in den Speisen zugeführten Nahrungsstoffe und die in den Exkreten der Niere, des Darmes, der Haut und Lunge ausgeschiedenen Stoffe bekannt sein. Man vermag daraus zu entnehmen, ob der

Organismus sich mit der Zufuhr stofflich erhalten hat, ob also dieselbe eine Nahrung für ihn war, oder ob er dabei irgend einen Nahrungsstoff angesetzt oder einen Stoff verloren hat. Man gewinnt dadurch einen klaren Einblick in die Vorgänge im Körper bei verschiedener Art der Ernährung.

Eine solche Untersuchung setzt jedoch ein für chemische Analysen wohl eingerichtetes und mit manchen kostbaren Apparaten, namentlich Apparaten für die Bestimmung der Respirationsproducte ausgestattetes Laboratorium voraus, sie kann nur nach langer Uebung in derlei Arbeiten durchgeführt werden und nimmt ausserordentlich viel Zeit in Anspruch. Die Speisen müssen zu diesem Zweck aus reinen Nahrungsstoffen und möglichst einfach zusammengesetzten Nahrungsmitteln z. B. aus fettarmem, rein ausgeschnittenem Fleisch, Milch, Eierklar, Brod, Mehl, Erbsen etc., deren Zusammensetzung leicht zu ermitteln ist, auf das Sorgfältigste zubereitet werden.

Diese genauen Untersuchungen müssen späterhin in einzelnen Fällen zur endgiltigen Festsetzung der richtigen Nahrung für öffentliche Anstalten angestellt werden. Einstweilen handelt es sich noch um einige Vorstudien zur Erreichung dieses Zieles, welches dann durch tüchtige Anstrengung der Kräfte in der angedeuteten Richtung hoffentlich bald erreicht wird. Ich halte nämlich zunächst, ehe weitere Schritte geschehen können, für nothwendig, Einblicke in die in verschiedenen öffentlichen Anstalten verabreichte Kost zu gewinnen und annähernd die Zusammensetzung derselben kennen zu lernen.

Es bestimmen mich zu diesem Vorschlage mehrere Gründe. Man ist erstens durch die jetzigen Kenntnisse über den Stoffbedarf des Menschen unter verschiedenen Umständen schon im Stande bei Bekanntschaft mit einer Kost mit ziemlicher Sicherheit anzugeben, ob dieselbe in der Menge und im Verhältniss der einzelnen Nahrungsstoffe und in anderer in meinem Vortrage bezeichneten Hinsicht genügt, und wenn dies nicht der Fall sein sollte, bestimmte Vorschläge zur Verbesserung derselben zu machen; ich hielte es für unrichtig, zuzuwarten, bis das ganze Werk völlig fertig dasteht, es ist gewiss vernünftiger da, wo es möglich ist, alsbald Abhilfe zu schaffen. Liegen aber einmal die von mir angeregten einfacheren Untersuchungen vor, dann gewinnen wir auch den Behörden gegenüber einen günstigen Standpunkt und diess ist ein zweiter Beweggrund zu meinem Vorschlage. Die Behörden werden sich nämlich nicht leicht entschliessen eine für bestimmte Anstalten auf Erfahrungen der Wissenschaft hin vorgeschlagene Kost alsbald und ohne Weiteres einzuführen, aber sie werden dazu weit eher geneigt sein, wenn nachgewiesen ist, dass die bis jetzt gebräuchliche Kost ungenügend ist und in welchen Punkten dieselbe von den für den betreffenden Fall nöthigen Forderungen abweicht; diess wird nun durch meinen Vorschlag erreicht. Haben dadurch die Behörden bessere Einsicht in die bestehenden Verhältnisse gewonnen und das Zutrauen erlangt, dass die Wissenschaft hier wirklich einzugreifen vermag, dann werden sie gewiss zum Besten ihrer Anstalten auch die endgiltig feststellenden genaueren Untersuchungen wünschen und die Mittel dazu bereitwilligst gewähren.

Ich betone also nochmals, wir beabsichtigen jetzt noch keine genauen wissenschaftlichen Untersuchungen über die Kost in öffentlichen Anstalten; wir wollen nur helfen, wo schon zu helfen ist und Boden für unsere Bestrebungen gewinnen. Wir wünschen einstweilen daher nur annähernde Aufschlüsse über die Zusammensetzung der Kost in einer Anzahl von öffentlichen Anstalten.

Es ist zur Durchführung der gestellten Aufgabe durchaus nicht nöthig, dass solche einfachere Untersuchungen in allen städtischen und staatlichen Anstalten Deutschlands gemacht werden, wenn es nur in einer Anzahl derselben geschieht. Mir ist schon bekannt, dass von einer maassgebenden Behörde die Sache mit Freuden aufgegriffen werden wird. Die einsichtigen Directionen interessiren sich sicherlich in Rücksicht auf das Wohl der ihnen übergebenen Menschen für die Angelegenheit; ist es gelungen, in mehreren Anstalten eine bessere Nahrungsweise einzuführen, so sind die Uebrigen wohl oder übel gezwungen nachzukommen. —

Bei der Untersuchung der Kost auf ihre Bestandtheile beschränken wir uns aus den in meinem Vortrage angegebenen Gründen auf die annähernde Ermittelung der Menge des in ihr vorhandenen Eiweisses, des Fettes und der Kohlehydrate.

Man kann zu diesem Zwecke zwei verschiedene Wege einschlagen. Entweder untersucht man je eine Portion der den Bewohnern eines Hauses gegebenen Speisen, oder man ermittelt, wieviel von einzelnen Nahrungsstoffen und Nahrungsmitteln zur Bereitung der Kost genommen wird und berechnet dann aus der bekannten Anzahl der dieselbe geniessenden Personen oder auch aus dem Gewichte e i n e r Portion den jedem Einzelnen zukommenden Antheil. Ich habe gewöhnlich beide Wege eingeschlagen und in angemessener Weise combinirt um zum Ziele zu gelangen; manchmal ist allerdings nur der erste Weg möglich. Ich will in Folgendem die beiden Methoden, so gut es geht, beschreiben.

I. Man nimmt eine der gegessenen Portion möglichst gleiche Portion jeder Speise in Untersuchung. Es ist dieses Verfahren in einzelnen Fällen benützt worden, z. B. um die Menge der Nahrungsstoffe zu erfahren, welche ein am gemeinsamen Familientische Essender verzehrt, oder ein in einem Gasthause Zukehrender; auch zur Untersuchung der Kost in Anstalten ist es mit dem zweiten zu Hilfe genommen worden. Es kann selbstverständlich nur dann Anwendung finden, wenn einfache Speisen vorliegen, bei deren Zubereitung nur ein einziges Nahrungsmittel, höchstens noch mit einem Zusatze von Fett, verwendet worden ist. Dies ist nun auch in gewissen Anstalten mit einzelnen Speisen der Fall; das Fleisch wird meist ohne jeglichen Zusatz gekocht und häufig bestehen auch die Suppen und die Gemüse nur aus einem einzigen Nahrungsmittel, welchem nur noch das leicht bestimmbare Fett oder das seiner geringen Menge wegen bei der Berechnung nicht in Betracht kommende Gewürze beigemischt worden ist.

Um eine der gegessenen gleiche Portion zu erhalten, verfährt man in verschiedener Weise. Hat sich bei einer gemeinsamen Mahlzeit in der Familie der zu Untersuchende seinen Theil gewählt, so wird aus derselben Schüssel ein möglichst gleicher Theil zur Untersuchung herausgenommen, oder noch besser beide Theile auf der Waage abgeglichen; im Gasthause bestellt man sich das nämliche Essen, das die Versuchsperson geniesst, und verbringt es in das Laboratorium; in öffentlichen Anstalten, in denen für alle Bewohner gleichheitlich gekocht wird, nimmt man aus den in der Küche stehenden vielen Portionen, welche von dem in diesem Geschäfte gewöhnlich ausserordentlich geübten Vertheiler auf die Teller gelegt worden sind, eine oder mehrere weg.

Man muss natürlich die Kost des ganzen Tages in dieser Weise controliren und zur Erhaltung einer richtigen Mittelzahl die Untersuchung längere Zeit, mindestens ein Woche hindurch fortsetzen, in öffentlichen Anstalten so lange, bis alle darin vorkommenden Kostarten, welche gewöhnlich für jeden Tag der Woche festgesetzt sind, durchprobirt worden sind. Es ist auch, um die Schwankungen kennen zu lernen, rathsam, von der gleichen Kost mehrmalige Proben an verschiedenen Tagen zu nehmen.

Ich brauche wohl nicht darauf aufmerksam zu machen, dass man sich dabei sehr vor Täuschungen zu hüten hat und desshalb alle Geschäfte, auch die langweiligsten, selbst besorgen muss und nicht Anderen, die nicht wissen, worauf man zu achten hat, überlassen darf.

Die einzelnen Speisen werden zunächst abgewogen, Flüssigkeiten wie Milch oder Bier auch abgemessen. Es gilt nun, die nähere Zusammensetzung dieser einfachen Speisen zu erfahren. Die ganze Portion der Suppen, Gemüse etc. wird in einem grossen Wasserbade bei 100° völlig getrocknet, wodurch man die Menge des zur Speise verwendeten trockenen Nahrungsmittels erfährt, also z. B. bei Reissuppe die Quantität des Reises, bei Kartoffelgemüse die der Kartoffeln; ist Fett beim Kochen zugesetzt worden, so erschöpft man zur Bestimmung desselben nach bekannten Regeln einen kleinen Theil der getrockneten und fein gepulverten Masse mit Aether. Schnittchen von Brod in den Suppen oder Gemüsen nimmt man heraus und behandelt sie gesondert, oder man lässt sie, wenn man sich in der Küche befindet, besser gar nicht einlegen und untersucht sie gleich für sich. Von der Fleischportion trennt man zuerst die Knochen, Sehnen, Knorpel und das Fettgewebe ab; Knochen, Knorpel und Sehnen werden gewogen und entfernt, das Fettgewebe und das rückständige fettfreie Fleisch werden ebenfalls gewogen und dann jedes für sich getrocknet. Von Würsten und anderen Fleischsorten macht man in gleicher Weise eine Trocken- und Fettbestimmung; ebenso wenn es für nöthig erachtet werden sollte, Trockenbestimmungen des Brodes, der Milch etc.

Auf diese Art bekömmt man die Quantität der verwendeten trockenen Nahrungsmittel, deren mittlere Zusammensetzung (an Eiweiss, Fett und Kohlehydraten) aus vielfachen Analysen schon bekannt ist, welche man dann der weiteren Berechnung zu Grunde legt; hält man dies aus irgend einem Grunde für ungenügend, so macht man noch Stickstoff- und Aschebestimmungen in der trockenen entfetteten Substanz. Ich werde auf diese Verhältnisse nochmals zurückkommen. —

II. Die zweite Methode sucht entweder aus dem Gewichte der im Ganzen in einer gewissen Zeit verbrauchten Lebensmittel von bekannter Zusammensetzung und der Zahl der sich dabei sättigenden Personen die Menge des für eine Person im Mittel täglich Gegebenen zu berechnen (Methode II. a.), oder aus dem Verbrauch der Lebensmittel für das Kochen bestimmter Speisen und dem Gewichte einer Portion das Gleiche zu erfahren (Methode II. b.).

Diese Methode ist allgemein brauchbar und gibt ganz verlässige Resultate, namentlich auch dann, wenn die einzelnen Speisen nicht so einfach gekocht sind, sondern aus einer grösseren Anzahl von Nahrungsmitteln und Nahrungsstoffen, z. B. aus Mehl, Milch, Eiern, Zucker bereitet worden sind. In einem solchen Falle lässt die erste Methode, wie schon angegeben, ganz im Stich und wähle ich dieselbe nur mehr dann, wenn letztere absolut nicht mehr durchführbar ist, und zur Ergänzung oder Controle für die nach der Methode II. b. gewonnenen Resultate.

Die richtige Durchführung der Methode erfordert jedoch die gehörige Umsicht und Aufmerksamkeit und sie ist nicht ohne Mühe, da man dabei beständig in der Küche zugegen sein muss. Das Küchenpersonal ist gewöhnlich nicht sehr erfreut über die Störung und betrachtet Anfangs häufig die Wägungen aller Lebensmittel als ein Misstrauen in seine Redlichkeit. In zwei städtischen Anstalten Münchens, in dem Waisenhause und dem grossen Krankenhause, ist es durch eine offene Erklärung der Bedeutung der Maassregel gelungen zum Ziele zu kommen und haben die in beiden Anstalten die Küche besorgenden Ordensschwestern nicht nur nicht das mindeste Hinderniss in den Weg gelegt, sondern getreulich an der Lösung der Aufgabe mitgeholfen. In dem Waisenhause war es der leider verstorbene, für die Angelegenheiten der Stadt unermüdlich besorgte Magistratsrath Riedmayr, der mit der peinlichsten Sorgfalt die Sache leitete und die Wägungen besorgte; in dem Krankenhause unterzog sich Dr. Friedrich Renk der Aufgabe.

a) Im Waisenhause besteht für jeden Tag der Woche ein bestimmter Kostsatz; es wurde nun ermittelt, welche Quantität der Lebensmittel zu jeder der in der Kostordnung festgesetzten Speisen genommen wird, und bei der bekannten Zahl der Kinder die Zusammensetzung der auf eines derselben treffenden Nahrung für jeden Wochentag berechnet.

Es müssen alle Materialien zu den Speisen, bevor sie in den Kochtopf kommen, gewogen werden. Bei vielen Nahrungsstoffen und Nahrungsmitteln z. B. dem Fett, dem Zucker, dem Mehl, dem Brod etc. macht dies gar keine Schwierigkeiten; bei dem Gemüse ist aber sehr darauf zu achten, nur das zum Kochen Benützte zu wiegen, denn die Abfälle sind, namentlich in den späteren Wintermonaten, sehr bedeutend und dürfen natürlich nicht mit in Rechnung kommen. Am misslichsten ist es mit dem Fleische, da man nicht täglich die Erlaubniss erhält, vor der Zubereitung desselben die Knochen und das Fettgewebe abzutrennen; es bleibt dabei nichts Anderes übrig, als wenigstens an einigen Tagen die ganze für einen Tag bestimmte Fleischmasse, welche stets aus dem gleichen Körpertheil ausgehauen wird, in reines Fleisch, Knochen und Fettgewebe zu zerlegen und die erhaltenen Zahlen auch für die anderen Tage zu benützen.

b) In manchen Anstalten z. B. in den Krankenhäusern ist es nicht möglich dieses Verfahren ganz so einzuschlagen, da aus demselben Topfe ungleich grosse Portionen gemacht werden für die verschiedenen Kostsätze der Patienten und auch für das Wartpersonal. In einem solchen Falle ermittelt man wie bei der Methode II. a. das Gewicht der für die

Zurichtung der Speisen nöthigen Substanzen; nachdem man in einer Probe jeder der benützten Substanzen den Gehalt an festen Bestandtheilen bestimmt oder ihn schon vorhandenen Analysen entnommen hat, kann man die in 100 Gramm der trockenen Speise enthaltenen trockenen Substanzen leicht berechnen. Nun wird eine Anzahl von Portionen, wie sie die Kranken erhalten, völlig bei 100° getrocknet und nach der bekannten procentigen Zusammensetzung diejenige jeder Portion durch eine einfache Rechnung gefunden. Die Portionen des gekochten Fleisches werden wie bei der Methode I vorher in Knochen, Sehnen, Knorpel, Fettgewebe und reines Fleisch zerlegt, die Knochen und Sehnen gewogen und das Fettgewebe und reine Fleisch jedes für sich getrocknet. —

Es ist, wie man aus dem Gesagten ersieht, nicht möglich nach der zweiten Methode aus dem Gewichte der in einer Haushaltung verbrauchten Lebensmittel die Grösse der Zufuhr für die Menschen zu bestimmen, da der Betrag der Abfälle unbekannt ist. In den Berichten über die in den Volksküchen verbrauchten Lebensmittel sind die Abfälle nicht angegeben und sind daher die von mir berechneten Zahlen für die Zusammensetzung der Kost in denselben eher zu hoch als zu niedrig gegriffen.

Noch weniger ist es möglich nach den obrigkeitlichen Vorschriften, was die Pfleglinge in einer Anstalt erhalten sollen, eine Berechnung anzustellen, da man nicht weiss, ob die Leute das Vorgeschriebene in Wirklichkeit auch bekommen und gegessen haben.

Nachdem auf die angegebene Weise nach der Methode II die Menge der zu einer Kost verwendeten Nahrungsstoffe und Nahrungsmittel bekannt ist, berechnet man wie bei der ersten Methode nach schon vorliegenden Analysen dieser Stoffe deren Gehalt an Eiweiss, Fett und Kohlehydraten, oder man macht, wenn eine eigene Analyse als nöthig angesehen wird, in Proben der angewandten Substanzen Bestimmungen des Gehaltes an Wasser, Fett, Stickstoff und Gesammtasche. Aus dem Stickstoffgehalte berechnet man den Eiweissgehalt durch Multiplikation mit 6.45, der Rest nach Berücksichtigung des Eiweisses, des Fettes und der Asche wird als Kohlehydrat in Anschlag gebracht.

Für den Zweck, den wir bei solchen Untersuchungen einstweilen verfolgen, sind die Resultate, wenn man auch mittlere Werthe für den Gehalt an Eiweiss, Fett und Kohlehydraten zu Grunde legt, hinlänglich genau. Wir setzen jedoch dabei voraus, dass die verwendeten Lebensmittel von guter Qualität sind.

Ich setze die Werthe für die wichtigsten Nahrungsmittel, wie ich sie grösstentheils meinen Berechnungen zu Grunde gelegt habe, hier bei:

Nahrungsmittel	Wasser	Eiweiss	Fett	Kohlehydrate	
Ochsenfleisch, rein	75.9	21.9	0.9	—	Voit
Kalbfleisch	78.0	15.3	1.3	—	Wolff
Fettgewebe	3.7	1.7	94.5	—	Voit
Rindsleber	56.0	16.3	3.2	—	Wolff
Hühnerei (Klar u. Dotter)	73.9	14.1	10.9	—	Voit
Eierklar	85.9	13.3	—	—	Voit
Milch	87.1	4.1	3.9	4.2	Voit
Butter	7.0	0.9	92.1	—	Voit
magerer Käse	40.0	43.0	7.0	—	Wolff
Weizenmehl	12.6	11.8	—	73.6	Wolff
Roggenmehl	14.0	11.0	—	71.9	Wolff
Gerste, geschält	12.5	10.0	—	73.5	Wolff
Mais, geschält	13.5	11.0	7.0	67.6	Wolff
Reis	13.5	7.5	—	78.1	Wolff
Hirse	14.0	14.5	—	66.5	Wolff
Kochgries	11.3	11.3	—	69.8	Wolff
Schwarzbrod (1 Tag alt)	46.3	8.3	—	44.2	Voit
Weissbrod (Semmel)	28.6	9.6	—	60.1	Voit
Erbsen	14.3	22.5	—	58.2	Wolff
weisse Bohnen	14.5	24.5	—	55.6	Wolff
Linsen	14.5	26.0	—	55.0	Wolff
Schneidebohnen	91.0	2.0	—	6.2	Wolff
Weisskraut	90.0	1.5	—	7.1	Wolff
Kartoffeln	75.0	2.0	—	21.8	Wolff
gelbe Rüben	85.0	1.5	—	12.3	Wolff
Kohlrabi	87.0	1.3	—	9.5	Wolff
weisse Rüben	92.0	1.1	—	5.3	Wolff

Endlich ist es noch nöthig, über die Ausnützung der dargereichten Kost und ferner darüber, ob der betreffende Mensch dabei sich auf seinem Eiweissbestande erhält, einige Anhaltspunkte zu gewinnen. Zu dem Zwecke muss von dem Menschen, welcher auf die angegebene Weise seine tägliche Kost mit annähernd bekanntem Gehalte an festen Theilen und Eiweiss zuführt, der auf diesen Tag treffende Harn und Koth gesammelt werden. Wenn z. B. das Frühstück um 6 Uhr Morgens eingenommen wird, so wählt man als 24 stündige Beobachtungszeit die von 6 Uhr Morgens des einen Tages bis zur selben Zeit des folgenden. Vor Beginn des Versuchstages, also etwas vor 6 Uhr Morgens wird aller in der Blase befindliche Harn mit Sorgfalt entleert und ebenso am Ende des Versuchstages vor 6 Uhr der letzte Rest des Harns herausgepresst. Da die meist nicht sehr reichliche Abendmahlzeit wenigstens 10 Stunden vor Beendigung des Versuches verzehrt worden ist, so ist die während des Versuchstages eingeführte Kost am Schlusse desselben völlig verdaut. Der aufgesammelte Harn wird gemessen und in 10c.c. desselben nach der Methode von Schneider und Seegen der Stickstoffgehalt bestimmt. Die Liebig'sche Harnstoffbestimmung gibt bei dem verdünnten Menschenharn ganz unbrauchbare Resultate.

Schwieriger ist es den auf den Versuchstag treffenden Koth zu erhalten. Man kann nur solche Menschen dazu brauchen, welche sich gewöhnt haben, täglich regelmässig vor Beginn eines Versuchstages den Darm zu entleeren. Die Meisten, welche einen geordneten Stuhlgang haben, sind nach einiger Zeit dahin zu bringen. Es enthält dann der Koth die im Darm nicht resorbirten Bestandtheile der Kost vom vorhergehenden Tage. Man wiegt die ganze Kothmenge, trocknet einen kleinen Theil derselben und macht dann darin die Bestimmung des Stickstoffes nach Will-Varrentrapp.

Man erfährt dadurch erstens, wie viel von den festen Theilen der Kost im Koth wieder entfernt wurden und bekömmt also einen Einblick in die Ausnützung der Speisen im Darm; zweitens ergiebt sich aus dem Vergleiche des Stickstoffs in der Kost und dem im Harn und Koth ausgeschiedenen, ob der Körper sich auf seinem Eiweissbestande annähernd erhalten hat oder nicht.

Es müssen natürlich an einer Reihe von Tagen bei den verschiedenen Kostsätzen solche Bestimmungen gemacht werden, um richtige Mittelwerthe zu erhalten. Ich mache noch besonders darauf aufmerksam, dass man von den Leuten in der Ablieferung des Harns und Koths gar leicht betrogen wird oder dass sie sich aus Unverständniss selbst betrügen; man muss die sorgsamsten Vorsichtsmaassregeln treffen, damit man wirklich allen Harn und Koth des betreffenden Tages bekömmt.

Ausserdem gibt die Untersuchung des Harns und Koths eine vortreffliche Controle dafür, ob die ganze Versuchsanordnung in Richtigkeit sich befindet. —

www.ingramcontent.com/pod-product-compliance
Lightning Source LLC
LaVergne TN
LVHW042251300926
849161LV00003B/551